PROCESSO CIVIL ROMANO

MÁRIO CURTIS GIORDANI

Processo Civil Romano

Noções Elementares

EDITORA
IDÉIAS&
LETRAS

Diretor Editorial:
Marcelo C. Araújo

Editores:
Avelino Grassi
Márcio F. dos Anjos

Coordenação Editorial:
Ana Lúcia de Castro Leite

Copidesque:
Eliana Maria Barreto Ferreira

Revisão:
Leila Cristina Dinis Fernandes

Diagramação:
Simone Godoy

Capa:
Erasmo Ballot

Editora Idéias & Letras
Rua Pe. Claro Monteiro, 342 - Centro
12570-000 Aparecida-SP
Tel. (12) 3104-2000 - Fax (12) 3104-2036
Televendas: 0800 16 00 04
vendas@ideiaseletras.com.br
http//www.ideiaseletras.com.br

Dados Internacionais de Catalogação na Publicação (CIP)
(Câmara Brasileira do Livro, SP, Brasil)

Giordani, Mário Curtis
Processo civil romano: noções elementares/ Mário Curtis Giordani.
Aparecida, SP: Idéias & Letras, 2010.

ISBN 978-85-7698-067-4

1. Processo civil romano I. Título.

10-04777 CDU-347.9(37)

Índices para catálogo sistemático:
1. Processo civil romano 347.9(37)

Sumário

Apresentação 9

1. Magistrados Judiciários 17
Realeza 17
República 17
Império 18
Poderes dos magistrados judiciários 21
Partes litigantes – representação 26
Recuperatores 28
Tribunais permanentes 28

2. As Ações 31
Concepção romana de ação 31
Actiones in rem e *actiones in personam* 34

3. Fases do *Ordo Iudiciorum Privatorum* 37
In ius vocatio 38
In iure 41
Apud iudicem 43

4. *Legis Actiones* 45
Noção e fontes de conhecimento 45
Designação 47
Características 48

5. Estudo das cinco *Legis Actiones* 51
Declaratórias 51
Legis actio per sacramentum 51
Iudicis postulatio 64
Legis actio per condictionem 67
Executórias 72
Manus iniectio 72
Pignoris capio 84

6. Processo Formular 87
Introdução 87
Características 91
Fórmula 95

7. A Marcha da Instância 105
In ius vocatio 105
Instancia in iure 106
Instancia apud iudicem 111
Sententia e res iudicata 115
Execução da sentença 118

8. Processos Excepcionais Derivados do *Imperium* dos Magistrados 123
Interdicta 123
Stipulationes praetoriae 126
Missio in possessionem 126
Restitutio in integrum 127

9. O Processo Extraordinário – *Cognitio Extra Ordinem* 129

10. A Marcha da Instância 133
Citação 133
Litis contestatio 134
Exceções 137
Provas 138

Sentença 139
Execução da sentença 141
Recursos 143

11. Classificação das Ações 147
Ações no Processo Formular 147
Ações no Processo *Justinianeu* 156

Bibliografia 161

Apresentação

Tentamos, através da presente obra, apresentar ao leitor apenas algumas noções elementares do Processo Civil Romano em sua tríplice evolução: Ações da Lei (*Legis Actiones*), Processo Formular (*Per Formulas*), Processo Extraordinário (*Cognitio Extra Ordinem, Extraordinaria Cognitio*). Em geral os estudiosos do Direito Romano dedicam preferencialmente suas atenções ao Direito substantivo, reservando à tutela dos direitos subjetivos estudo superficial. Observe-se, entretanto, que numerosas e bem estruturadas obras de Direito Romano, disponíveis para o público discente das Faculdades de Direito, contêm ensinamentos fundamentais sobre o Processo Civil. A síntese que ora oferecemos ao leitor deve muito a notáveis romanistas cuidadosamente citados e devidamente relacionados na bibliografia sumária.

Desejamos, ainda a título de apresentação, chamar a atenção do estudioso para dois aspectos que envolvem o conhecimento do Processo Civil Romano: o problema das fontes e o relacionamento desse processo com o Processo Civil moderno. Quanto às fontes recomendamos, preliminarmente, a consulta à minuciosíssima relação contida no *Indice delle Fonti* das "Lezioni sul Processo Romano Antico e Clássico" de autoria de Arnaldo Biscardi. Entre as fontes pré-justinianeas citemos, a título de exemplo, o *Codex Theodosianus,* as *Institutas de Gaio*, várias obras do próprio Cícero etc. Entre as fontes justinianeas, merecem destaque especial as numerosas citações encontradas no Digesto.

Sobre as dificuldades oferecidas pelo estudo das fontes, especialmente no que tange ao *Appello Civile in Diritto Romano*, é proveitosa a leitura do capítulo *Preliminari* da obra de Riccardo Orestano *L'Appello Civile in Diritto Romano.*

Merece menção especialíssima, entre as fontes, o quarto livro das *Institutas de Gaio*. Encontramos aí informações preciosas sobre diversos institutos processuais, bem como sobre a praxe jurídica seguida nos Períodos Arcaico e Clássico.

Digamos, agora, algumas palavras sobre a influência do Processo Civil Romano no Processo Civil Moderno. Note-se que um estudo aprofundado da influência da *cognitio extraordinaria* no processo moderno deve levar em conta o papel do Direito Canônico (ver Gaudemet: *La formation du Droit séculier, et du Droit de l'Église aux IV e V siècles*). Deixamos de lado as *Legis Actiones* e o *Processo Formular,* lembrando que, segundo Arangio-Ruiz, este constitui "o instituto mais característico e mais tecnicamente refinado do Direito Romano" (*Instituzioni di Diritto Romano* – 4ª ed., p. 147). Interessa-nos aqui a *Cognitio extra ordinem* quando, observa Orestano (*L'Appello Civile*, p. 34), "encontra aí suas raízes a maior parte dos institutos processuais modernos". Um rápido olhar sobre o interessante e documentado estudo de Biondo Biondi (*Intorno alla romanitá del Processo Civile Moderno*) permite-nos, a título de exemplo, lembrar, segundo o autor, as seguintes influências marcantes do processo *extra ordinem* no processo moderno:

– A característica publicística do processo

No *Corpus Iuris* todo traço privatístico do processo antigo desapareceu (p. 387).

– O *Iudex* da *Cognitio*

É "um órgão estável da administração pública e possui uma geral *potestas iudicandi*" (p. 388).

– Actio

No que tange à *Actio* ocorreu "a mais radical transformação" (p. 389). Embora no *Corpus Iuris* se mencione ainda *actio civilis* e *actio in factum*, Justiniano "diz explicitamente que doravante não há mais diferença entre uma e outra" (p. 391). Na realidade, a grande variedade de ações clássicas é superada; não existem mais as ações, mas antes a ação "que é uma, considerada como meio geral de tutela jurídica (p. 392). "A doutrina do processo é, pois, nada mais que a doutrina da ação. Assim no direito moderno, assim com Justiniano" (p. 392).

– *Iurisdictio*

A *Iurisdictio* de Justiniano é literalmente pronúncia do direito (p. 395). É a lei "que diretamente atribui ao *iudex* poder de jurisdição" (p. 395). Ao *iudex* cabe julgar "segundo a lei e a equidade" (p. 395), e não pode como o *iudex privatus* deixar de decidir a causa (*non liquere*).

– Competência

Sobre a competência, Biondi observa que "não só a noção e a terminologia, mas também o regulamento positivo preludia o moderno" (p. 396). "O antigo *forum originis* cede diante do *forum domicilii* e é neste que são propostas, em gênero, as ações" (p. 396). O domicílio é "critério atributivo de competência" (p. 397).

– Forma

"No processo *extra ordinem* e no *sistema justinianeu*, quando a defesa do direito não é questão privada, mas função pública, o juízo torna-se formal, com absoluta prevalência da escrita." Não se trata aqui das antigas formas das *Legis Actiones*. "A exigência de uma forma do processo no sentido moderno perfila-se só no processo *Extra Ordinem*" (p. 400).

– Prova

"A obra de Justiniano foi assaz notável no campo das provas. Encontramos um preciso regulamento jurídico de cada prova separadamente e, no complexo, temos todo um sistema de provas que preludia o direito moderno" (p. 403). "As várias hipóteses de prova absoluta que encontramos nas legislações modernas provêm de Justiniano" (p. 403).

– *Res Iudicata*

"Só no processo justinianeu se põe o problema da coisa julgada, assim como podemos entendê-lo nós, modernos, e pode-se resolver com aqueles mesmos critérios com os quais pode ser resolvido por um processualista moderno, já que o problema, em suas bases fundamentais, é o mesmo" (p. 497).

– *Sententia definitiva* e *interlocutio*

Biondi procura "demonstrar como a distinção é genuinamente romana" (p. 407). No processo *extra ordinem*, quando a *interlocutio* se torna instituto jurídico, sente-se a necessidade de enquadrá-la no conceito geral de *sententia* e ao mesmo tempo de separar, na disciplina e nos efeitos, a *sententia* da *interlocutio*, donde a qualificação de *definitiva* que se dá para distingui-la precisamente da *interlocutio.*

Nas fontes falta o termo *sententia interlocutória,* mas é igualmente certo que, às vezes, se chama *sententia* aquela que é simples *interlocutio.* Por outro lado, a qualificação de *definitiva* que se dá nas fontes à sentença que define o litígio demonstra já implicitamente a existência de *sententiae non definitivae* (p. 408).

– Recurso

Quando todo o processo se torna *extra ordinem,* fica plenamente afirmado o princípio normal do duplo grau de jurisdição (p. 415).

Conclusão de Biondi (p. 417-418): "A indagação conduz sempre ao mesmo resultado: o processo comum e moderno na sua postura e em seus institutos fundamentais é derivação direta do processo romano, sempre que com isto entendamos referir-se não ao processo formular, mas àquele processo *Extra Ordinem* que se conclui e se ajusta legislativamente no *Corpus Iuris*".

Importância

Em Roma, anota Gaudemet, "o processo, entendido como um conjunto de regras, era qualificado de direito das ações (*ius actionum*)". A ação era o meio posto à disposição do autor para fazer reconhecer um direito: era o principal meio de tutela do direito subjetivo.[1]

O estudo do processo civil romano oferece uma dupla importância: revela-nos a completa evolução histórica dos meios de tutela dos direitos subjetivos, desde a defesa privada desses direitos até a intervenção do Estado na administração da justiça; constitui um elemento essencial para a compreensão do direito privado romano. Lembremos que, como sublinha Monier,

---

[1] Gaudemet, *Institutions de l'Antiquité*, p. 226. Segundo Catunda de Medeiros (*Esquema de Teoria Geral do Processo*, p. 67): "Processo é o conjunto de atos e de prazos que visam propiciar a solução jurisdicional do litígio". Ainda o mesmo autor define Rito processual (procedimento, tramitação) como "a sequência estabelecida para a realização dos atos e dos prazos ao processo" (Ibidem, p. 69).

o pretor, "um dos principais autores do desenvolvimento do direito, interveio unicamente no terreno do processo".[2]

Os romanos "encaravam os direitos antes pelo aspecto processual do que pelo lado material". Em virtude disso, é comum dizer-se que o direito romano era antes um "sistema de ações" do que um "sistema de direitos subjetivos". E isso se verifica sobretudo no direito clássico, quando a evolução dos institutos jurídicos romanos se faz principalmente pela atuação do pretor no processo".[3]

Antes de estudarmos o processo, é indispensável expor breves noções sobre a organização judiciária de Roma nas diferentes fases de sua História.

---

[2] Monier, *Manuel élémentaire*, vol. 1, p. 127.

[3] Moreira Alves, *Direito Romano*, vol. I, 5ª edição, p. 220.

1. Magistrados Judiciários

Realeza[1]

Na Realeza o rei intervém tanto em matéria cível como criminal. Não se distinguiam ainda as duas ordens processuais. A atuação do rei se processava com a assistência dos pontífices, únicos a conhecerem os costumes e os ritos, o que lhes permitia auxiliar na organização do processo.

República

Com o advento da República os magistrados superiores têm a atribuição de organizar o processo. Não pisamos terreno seguro quando estudamos a história das magistraturas na época inicial da República. Com a instauração de um "pretor", especialmente encarregado da justiça, a organização judiciária se precisa. Ele será o principal magistrado encarregado em Roma de administrar a justiça. Ao pretor urbano acrescenta-se o pretor peregrino, a quem caberá dirimir os litígios entre estrangeiros ou entre estes e

---

[1] Gaudemet, *Institutions de l'Antiquité*, p. 227 e Giffard, *Études de Droit Romain*, p. 17.

os romanos. Aos *edis curuis* cabia dirimir questões surgidas na esfera de suas atribuições: *cura urbis* (custódia da cidade) e *cura annonae* (custódia do mercado de cereais). Inicialmente a jurisdição do pretor estendia-se a todo o território italiano unido a Roma. "Mas, desde o século IV, a extensão do território romano obrigou o pretor a delegar seus poderes a prefeitos judiciários nomeados por ele (*praefecti iure dicundo*). Esses prefeitos não possuíam poderes próprios, mas somente aqueles que lhes delegava o pretor. Após a guerra social, a organização municipal (sob forma de município ou de colônia) foi estendida a todas as cidades. Os magistrados, eleitos pelas assembleias locais (*duoviri ou quattuorviri iure dicundo*), foram então encarregados da jurisdição local, não mais como delegados do pretor romano, mas com poder próprio.[2] Nas províncias a jurisdição foi confiada ao governador, que frequentemente delega seus poderes jurisdicionais ao questor (*quaestor*) ou a outras pessoas (*legati*) de seu séquito.[3]

Império

Sob o Império desaparecem os *praefecti iure dicundo* com a concessão da cidadania a todos os italianos. Os litígios de menor importância são julgados pelos magistrados municipais; as causas mais graves são da competência do pretor.[4] "A partir de Marco Aurélio e de Lucius Verus são instituídos na Itália os *Iuridici*, que

[2] Gaudemet, *Institutions*, p. 230.

[3] Monier, *Manuel élémentaire*, I, p. 131.

[4] Idem, ibidem.

exercem a jurisdição civil em uma circunscrição determinada."[5] Sob o *Principado*, a jurisdição nas províncias senatoriais é atribuída a um *legatus*, que a exerce como mandatário do governador, e a um *questor*, que possui as mesmas atribuições dos *edis curuis* em Roma.[6] Nas províncias imperiais o Imperador delega diretamente a *iurisdictio*, quer aos chamados *legati iuridici*, quer ao próprio governador, "que a exerce na qualidade de pró-pretor assistido por assessores".[7] Sob o *Dominato*, os diversos magistrados que administram a justiça estão inseridos dentro de uma hierarquia. Distinguem-se nesta hierarquia os juízes ordinários (*iudices ordinarii*) e os juízes superiores. Os primeiros julgam normalmente em primeira instância. Em Roma e em Constantinopla, o *iudex* ordinário é o *praefectus urbi*, que "no decurso do século III substitui o pretor urbano em matéria judiciária".[8] Os juízes superiores são o imperador (da *Pars Orientis* ou da *Pars Occidentis* do Império), os prefeitos do pretório e os vigários (*vicarii*). Os prefeitos do pretório julgam em grau de apelação as sentenças dos governadores das províncias. "Contra as sentenças do *praefectus praetorio* estava excluído qualquer ulterior recurso, enquanto nos outros casos restava uma possibilidade de recurso ao tribunal pessoal do imperador, especificamente ao *consistorium*, que

[5] Idem, ibidem.
[6] Idem, ibidem.
[7] Idem, ibidem.
[8] Idem, ibidem.

funcionava também como juiz de apelação das sentenças do *praefectus urbi.*"[9] Note-se: a decisão do *praefectus praetorio* era irrecorrível porque ele representava o imperador (*vice principis*). Os vigários (*vicarii*), no âmbito das dioceses, julgam em concorrência com o prefeito do pretório e em grau de recurso as sentenças dos governadores provinciais. As sentenças dos *vigários* estão por sua vez sujeitas a uma apelação em segundo grau ao imperador, "que delega a decisão a altos funcionários (*quaestor sacri palatii ou praefectus praetorio*) ou ainda a personagens influentes, *vice sacra iudicantes*".[10]

Nas províncias os governadores (*proconsules, consulares, correctores, praesides*) eram juízes ordinários e julgavam os litígios mais importantes (*maiores causae*); caso estivessem sobrecarregados, confiavam seu julgamento a subalternos (*iudices pedanei*). Os litígios de menor importância (*minores causae*) eram inicialmente julgados por magistrados municipais (*duumviri iure dicundo*) e, mais tarde, pelo *defensor civitatis*, "que se tornou um funcionário imperial com atribuições cada vez mais extensas".[11] Lembremos ainda a existência de jurisdições especiais como, por exemplo, a eclesiástica.[12]

---

[9] Grosso, Storia, p. 462. Notar, contudo, o que diz Burdese (*Manual de Derecho Publico*, p. 289-290) sobre os prefeitos do pretório: "Na esfera judicial julgam em grau de apelação das sentenças dos governadores provinciais (sobre quem, por outro lado, exercem jurisdição exclusiva) ditando sentenças inapeláveis, salvo possibilidade de *suplicatio* ao imperador, em última instância (*vice sacra*)".

[10] Burdese, *Manual de Derecho Publico*, p. 290. Notar: *vice sacra* = jurisdição imperial.

[11] Monier, Manuel, I, p. 190.

[12] Grosso, Storia, p. 462.

Poderes dos magistrados judiciários

Ao focalizarmos os poderes dos magistrados judiciários impõe-se, desde logo, duas observações importantes.

– Os magistrados judiciários da Roma Republicana não podem comparar-se com nossos juízes que integram um poder distinto e seguem uma carreira específica. Os magistrados romanos exerciam, muitas vezes, funções políticas e judiciárias e nem sempre possuíam formação jurídica suficiente, necessitando, portanto, de assessores especializados.

– Os principais magistrados judiciários romanos republicanos dispunham de dois poderes especiais: o *imperium* e a *iurisdictio*. Estamos aqui diante de noções que têm dado margem a intermináveis divergências entre os romanistas ao procurarem caracterizá-las claramente. O *imperium* abrange uma vasta soma de poderes e remetemos o leitor para o que já estudamos, a propósito, em nossa *Iniciação ao Direito Romano*. A *iurisdictio* seria um dos aspectos do *imperium* do magistrado ou de sua *potestas*. Giffard, sublinha que "*iurisdictio* é uma noção delicada e importante".[13] A *iurisdicito* (derivada de *ius dicere*, dizer o direito), segundo Kaser, "consiste na declaração do que é direito, não em ditar sentenças".[14]

[13] Giffard, *Études*, p. 19. Jurisdição é o poder de solucionar litígios (Catunda de Medeiros, *Esquema de Teoria Geral do Processo*, p. 12).
[14] Kaser, *Derecho Romano*, p. 355.

Para Giffard, *iurisdictio* "é o poder de dizer o direito, mas não em princípio de julgar". Em virtude da *iurisdictio* "o magistrado organiza a instância judiciária e institui o juiz".[15] Esta concepção de *iurisdictio* se amolda ao papel do magistrado nos sistemas processuais "ações da lei" e "formular", que estudaremos mais adiante. Já no sistema processual conhecido como *processo extraordinário* (ver mais adiante), em que o magistrado não só conhece o litígio como também prolata a sentença, o significado de *iurisdictio* seria "declarar, com relação a um caso concreto e com efeito vinculante para as partes, a vontade da norma jurídica".[16] O exercício da *iurisdictio* pelo magistrado na fase processual chamada *in iure* (ver mais adiante) traduz-se pelas expressões *do*, *dico* e *addico*.

Do – o magistrado designa um juiz (*dare iudicem*) na presença das partes, depois que ambas se manifestaram expondo respectivamente suas pretensões contraditórias.

Dico – o magistrado diz a qual dos litigantes será atribuída a posse provisória do bem em litígio (*vindicias dicere secundum aliquem*).

---

[15] Giffard, *Études*, p. 19.

[16] Moreira Alves, *Direito Romano I*, p. 225. Sobre a noção de *jurisdictio* ver Levy-Bruhl, *Recherches*, p. 113, e Carlo Gioffredi, *I Principi Del Diritto Penale Romano*, p. 15-16. Segundo Catunda de Medeiros (*Esquema de Teoria Geral do Processo*, p. 12), *jurisdição* é o poder de solucionar litígios e abrange (p. 13) o poder de declaração e o poder de execução.

Addico – o magistrado determinava que o bem litigioso fosse entregue ao demandante (*addicere rem*) quando o réu não se defendesse satisfatoriamente ou se confessasse o direito do autor: *confessio in iure*. Neste caso não haveria evidentemente designação de um juiz.[17] Giffard (*Études*, p. 19) lembra que *addicere* é o ato do magistrado que vem confirmar a afirmação do autor e "é só por um sentido derivado que a palavra *addicere* tomou o sentido de adjudicar, de atribuir alguma coisa a alguém. Ver-se-á, neste novo sentido, que o pretor *addicit rem, filium, debitorem*".

Um texto (interpolado?) do *Digesto* (1.16.2.pr) atribuído a Marciano distingue entre jurisdição contenciosa e jurisdição voluntária (*omnes proconsules statim quam urbem egressi fuerint habent iurisdictionem, sed non contentiosam, sed voluntariam* – todos os proconsules têm jurisdição tão logo tenham deixado Roma, mas não contenciosa, e sim voluntária). A *iurisdictio* é voluntária (graciosa), quando o magistrado faz a *addictio* sem que haja litígio entre as partes, visando apenas realizar um negócio jurídico desejado pelas partes. Assim, por exemplo, no caso de manumissão (*vindicta*) ou de cessão de coisas na justiça

[17] Note-se que o magistrado não podia administrar justiça nos chamados *dies nefasti* (cerca de cinquenta por ano) assinalados no calendário judiciário. Os *dies fasti* (em que era possível administrar a justiça) eram inicialmente cerca de quarenta, tendo sido este número ampliado posteriormente. Sob Marco Aurélio eram duzentos e trinta os *dies judiciarii* e sob Justiniano duzentos e quarenta.

(*in iure cessio*).[18] A jurisdição graciosa pode ser exercida pelo magistrado fora de seu tribunal.[19]

A juridição contenciosa só era exercida em casos litigiosos no tribunal do magistrado e nos *dias fastos*. Proferia então, conforme o caso, as expressões já mencionadas: *Do*, *Dico*, *Addico*. A *iurisdictio contentiosa* era limitada pela competência, "que pode ser conceituada como a faculdade de exercer a jurisdição num caso determinado".[20] Convém lembrar que, segundo a regra romana, a jurisdição era territorial e que fora do território designado o magistrado não dispunha de poder algum.[21]

---

[18] GIFFARD, *Précis de Droit. Romain*, p. 89.

[19] Não se deve confundir, segundo M. R. Düll citado por Monier (vol. I, p. 133), a jurisdição graciosa com o processo *de plano,* que se desenvolve perante os auxiliares dos magistrados e diz respeito a negócios de menor importância, como, por exemplo, a *datio tutoris*. Ver exemplos de jurisdição voluntária em Gaio (1.20) "*Maiores vero triginta annorum servi semper manumitti solent, adeo ut vel in transitu manumittantur, veluti cum praetor aut proconsul in balneum vel in theatrum eat.*" (Quanto aos escravos maiores de trinta anos, costumam ser manumitidos sempre até por ocasião em que por eles passa o pretor ou o procônsul, por exemplo, quando vai ao banho ou ao teatro.) (G. 1.20).

[20] MOREIRA ALVES, *Direito Romano I*, p. 226. O lugar onde se administrava a justiça era antigamente o *Comitium*, ou seja, a parte do *Forum* destinada à reunião dos comícios; porém, mais tarde a jurisdição começou a exercer-se nos lugares cobertos, como as basílicas; finalmente em locais completamente fechados, chamados *auditoria*, *secreta tabularia*, especialmente destinados a esse fim. Deve-se notar que o lugar onde o magistrado administra a justiça é designado pelo vocábulo *ius* (SCIALOJA, *Procedimiento*, p. 125). *Competência* – É a atribuição que tem determinado órgão jurisdicional – estabelecida por meio de um ou mais critérios – para atuar sozinho, isto é, com exclusão de qualquer outro órgão jurisdicional. Segundo definição bastante difundida, "competência é a medida de jurisdição" (Catunda de Medeiros, *op. cit.*, p. 40).

[21] SCIALOJA, *Procedimiento Civil Romano*, p. 127.

Paulus (D. 2.1.20) adverte que quem exerce a jurisdição fora de seu âmbito territorial, pode ser desobedecido impunemente (*extra territorium ius dicenti impune nom paretur...*).

O magistrado competente, portanto, é o do território a que pertence o réu: *actor sequitur forum rei.* Este *forum* pode ser determinado por vários critérios, entre os quais são importantes o *forum originis* e o *forum domicilii.* Quando a cidadania romana "se estendeu de um modo geral a todos os habitantes do *orbe* romano, os novos cidadãos que segundo as regras anteriores não haviam tido uma *origo* romana tiveram, de Caracalla em diante, uma dupla *origo*: a própria, segundo a pátria local, e a romana, como todos os *cives*".[22]

Em virtude do *Ius revocandi domum*, o réu podia em alguns casos subtrair-se à competência dos magistrados romanos e exigir que se transferisse a causa ao magistrado do lugar de origem. Note-se que à regra geral de competência em razão do território estabeleceram-se exceções, como, por exemplo, o *forum rei sitae* (era competente o magistrado do território em que estava situada a coisa em litígio), *forum contractus* (o fórum determinado pelo contrato) e o *forum delicti* (quando se tratava de obrigações derivadas de um delito cometido pelo réu ou por um escravo).

[22] Idem, ibidem. Consultar D. 5.1: *"De iudiciis: ubi quisque agere vel conveniri debeat".*

Partes litigantes – representação

As partes litigantes (*adversarii partes*) eram o autor (*is qui agere vult, actor*) e o réu (*is cum quo agitur, reus*). Quanto à representação das partes, Arias Ramos (*Derecho Romano*, vol. I, p. 163) anota: "No primitivo sistema processual das *legis actiones*, manifestou-se também neste aspecto a repugnância do Direito Romano para com a representação. Os litigantes deviam comparecer eles mesmos, pessoalmente, tanto diante do magistrado (*in iure*) como diante do juiz (*in iudicio*)". A representação, contudo, foi admitida. Bonfante (*Istituzioni di Diritto Romano*, p. 119) observa que "a representação em juízo foi a primeira forma de representação largamente admitida pelos romanos". No período das *Legis Actiones* a representação era permitida apenas em quatro casos: *pro populo* (na defesa de causas de interesse público); *pro libertate* (na defesa da liberdade); *pro tutela* (no interesse do pupilo); *ex lege hostilia* (quando o ausente *rei publicae causa* sofria um furto). "No período *formular*, entretanto, a representação passa a ser plenamente reconhecida; são admitidos em juízo tanto os representantes legais, tutores e curadores como os representantes voluntários" (Bonfante, *op. cit.*, p. 120). No direito pré-justiniano encontramos o *cognitor* (constituído *certis verbis* no próprio juízo) e o *procurator* (representante ordinário). No Direito justinianeu só resta o *procurator*.

Num processo regular, quer no sistema de ações da lei, quer no sistema formular, o magistrado designa um juiz (*dat iudicem*), um juiz único (*iudex unus*), isto é, um simples particular (*iudex privatus*) ou então *recuperatores* (juízes não permanentes). A partir do final da República encontram-se tribunais permanentes.

Não pisamos em terreno seguro no que tange à nomeação do *iudex* na época do Antigo Direito.[23] O *iudex unus* era, em princípio, escolhido livremente pelas partes (D. 5.1.80: *si ex conventione litigatorum is iudex addictus esset*). Gaio (4.15) informa-nos que a Lei Pinária (de data desconhecida, mas posterior à Lei das XII Tábuas) estabeleceu a designação do juiz no trigésimo dia e que anteriormente esta nomeação se fazia imediatamente (*ut autem die XXX iudex daretur per legem Pinariam factum est; ante eam autem legem statim dabatur iudex*). Posteriormente desaparece esse prazo de trinta dias.[24]

Quando não houvesse acordo entre as partes, o *iudex unus* deveria ser escolhido (*ferre iudicem*) pelo autor entre os nomes constantes de uma lista (*album iudicum*); o réu poderia recusar a escolha, mas, note-se a recusa de todos os nomes da lista, implicaria, por parte do magistrado, o entendimento de que o

---

[23] Giffard, *Études*, p. 21.

[24] Alguns textos falam em *arbiter* em vez de *iudex*. Existem divergências quanto ao sentido do primeiro termo, que, entretanto, pode ser interpretado em alguns casos como sinônimo de *iudex*. Para Scialoja (*Procedimiento civil*, p. 119), "*la diferencia entre iudex y arbiter está en la distinta amplitud de las facultades concedidas al uno y outro*". Parte: o litigante que figura na ação (Catunda de Medeiros, *op. cit.*, p. 17). Autor: o litigante que propõe a ação (idem ibidem). Réu: o litigante contra quem se propõe a ação (Pontes de Miranda, *Tratado das Ações*, vol. I, p. 260, citado em Catunda de Medeiros, *Esquema de Teoria*, p. 18).

réu não pretendia defender-se convenientemente. A condição social dos integrantes do *album iudicum* variou através do tempo. Inicialmente só senadores figuravam nela (ver mais adiante divergências sobre a escolha do juiz).

Recuperatores

Os litígios existentes entre romanos e estrangeiros ou só entre estrangeiros eram resolvidos por tribunais não permanentes constituídos por três ou cinco membros chamados *recuperatores*. Estamos aqui diante de uma instituição mal conhecida.[25] Giffard assim explica a origem e a designação dos *recuperatores*: "Na origem eram os juízes competentes entre cidadãos romanos e peregrinos (*hostes*). Um tratado intervinha após uma guerra e deviam ser reguladas as relações de vizinhança; era necessário devolver as coisas tomadas ao inimigo, retomar coisas tomadas pelo inimigo. Daí é que vem o nome da instituição: *recipere*, retomar".[26]

Tribunais permanentes

Os tribunais permanentes compõem-se, em princípio, de membros eleitos nos comícios e funcionam na fase *apud iudicem* em lugar do *iudex privatus* e em determinada cate-

---

[25] Giffard, *Études*, p. 22. Litígio – É o conflito entre pretensões jurídicas de indivíduos diferentes (Catunda de Medeiros, *op. cit.*, p. 5).
[26] Giffard, ibidem.

goria de processos. No final da República encontramos os seguintes tribunais permanentes, cuja data de origem não se pode precisar:[27]

– *Decemviri stlitibus iudicandis*

Cabia aos dez membros deste tribunal julgar os processos relativos à condição da pessoa em relação à cidadania e à liberdade (*status civitatis* e *status libertatis*). No Principado, os *decemviri* são transferidos para o tribunal dos *centumviri,* cujas seções presidem.[28]

– *Centumviri*

É o mais importante dos tribunais permanentes. Compunha-se de cento e cinco membros à razão de três por tribo territorial e era presidido por um pretor especial, o *praetor hastarius.* A *hasta* (lança), arma tradicional dos romanos e segundo Gaio (4.16) símbolo da propriedade, era fixada no solo quando se reuniam os centúnviros. As secções do tribunal chamavam-se *hastae* e, sob o Principado, eram presididas pelos decênviros. No governo de Trajano o número dos *centumviri* ultrapassa os cento e oitenta.[29] Não está bem clara a extensão da competência do tribunal dos centúnviros. Segundo alguns autores esta competência seria geral, em matéria de ações reais, mas não exclusiva: as partes podiam optar entre o *iudex unus* e os centúnviros.

---

27 Giffard, *Études*, p. 23.

28 Monier, *Manuel*, I, p. 135.

29 Idem, ibidem, p. 136.

"Parece-nos, em todo o caso, certo que os centúnviros podiam julgar não somente os negócios de sucessão, mas também os processos relativos à liberdade, que eram, anteriormente, submetidos aos decênviros" (Monier, *op. cit.*, p. 136).[30] O tribunal dos *centumviri* desaparece no decurso do século III.

– *Triumviri capitales*

Este tribunal de três membros possuía competência em matéria criminal e também em matéria de *sacramentum* e *manus iniectio* (ver mais adiante).[31]

---

[30] Idem, ibidem.

[31] GIFFARD, *Précis*, p. 90.

2. As Ações[1]

Concepção romana de ação

Antes de estudarmos os diferentes sistemas do processo civil romano, convém dizer algumas palavras sobre as ações. Sublinhe-se preliminarmente que a concepção romana de ação (*actio*) e de sua conexão com o Direito Subjetivo Substantivo diverge do ponto de vista atual, pois, enquanto o direito de propor uma ação aparece vinculado naturalmente ao direito subjetivo, "quase como uma consequência imanente ao mesmo" (Arias Ramos, *Derecho Romano I*, p. 155), no Direito Romano o direito de intentar uma ação "não era simplesmente a consequência natural de uma pretensão".[2] Tal possibilidade somente existiria quando "acerca daquele direito tivesse sido concedida uma ação".[3] Para os romanos, portanto a ação não era o meio legal de fazer valer judicialmente uma

[1] Hoje o conceito de ação continua polêmico. Há quem apresente o seguinte resumo: a) ação na acepção objetiva: é o pedido visando a satisfação de pretensão de direito material; b) ação na acepção subjetiva: têm dois aspectos: em relação ao Estado – juiz é uma faculdade; já em relação ao adversário, é um direito subjetivo processual, o chamado "direito de ação" (Ver excelente síntese sobre noção de ação em Catunda de Medeiros, *op. cit.*, p. 15 e seguintes).

[2] Arias Ramos, *Derecho Romano*, I, p. 156.

[3] Idem, ibidem, p. 156.

pretensão. Em outras palavras, o ordenamento jurídico romano carece de uma concepção abstrata e geral da proteção jurídica processual. Cada *actio* no Direito Romano é uma figura autônoma, uma individualidade concreta. As *actiones* são típicas como são típicos os direitos subjetivos. Compreende-se, assim, a atitude mental do juriscosulto romano que, "frente a um direito subjetivo em estado de pretensão, pergunta-se e indaga: dispõe-se ou não de uma *actio* para aquele caso e qual seja ela".[4]

Pode-se afirmar que os romanos não conheciam a *actio in abstracto*, mas sim as *actiones* correspondentes a cada direito subjetivo. Note-se, contudo, que o jurisconsulto clássico Celsus apresenta-nos uma definição de *actio* reproduzida respectivamente no *Digesto* e nas *Institutas* de Justiniano: *Nihil aliud est actio quam ius quod sibi debeatur, iudicio persequendi* (D. 44.7.51), ou seja, a ação nada mais é que o direito de alguém perseguir em juízo o que lhe é devido. *Superest ut de actionibus loquamur. Actio autem nihil aliud est, quam ius persequendi iudicio quod sibi debetur* (Inst.4.6), isto é, resta tratarmos das ações. A ação porém nada mais é senão o direito de alguém perseguir em juízo o que lhe é devido. Kaser julga este texto deficiente "por seu limitado alcance".[5] Biondi considera que

---

[4] Idem, ibidem. A *actio* seria, assim, a procriadora do direito, o direito seria procriado; a *actio* seria o *prius*, o direito o *posterius*. Esta seria a configuração de certas relações jurídicas no campo do *ius honorarium*: todo o edito do *praetor* (inclusive o *edictum perpetuum*) nada mais é que uma promessa de ações e meios judiciários: *iudicium dabo, non dabo* etc.

[5] Kaser, *Derecho Privado Romano*, p. 35.

não "é improvável que esta definição dissesse respeito à *actio in personam*".[6] Nas ações *in personam* "podia-se falar de *debeatur*, que importa uma obrigação".[7] Martini, em seu estudo sobre as definições dos juristas romanos, julga muito verossímel que essa definição tenha tido nas intenções de Celso um alcance muito mais restrito, tendo sido formulada visando algum caso particular.[8] O mesmo autor, contudo, cita Bonifácio que, com Pugliese, retém que essa definição "exprime bastante fielmente a representação que os romanos tinham da *actio*".[9] Note-se que nas compilações justinianeas a definição de Celso foi citada desvinculada do contexto original, o que permite a interpretação de que o *quod sibi debetur* deva ser entendido aí "no sentido geral de reconhecimento judiciário e realização de um próprio direito".[10]

Se examinarmos a prática processual romana, sem preocupação com teorias e definições, verificaremos que cada *actio* implica concretamente um duplo aspecto: enuncia um direito subjetivo (a cada ação corresponde um direito subjetivo) e constitui uma faculdade de agir (*ius agendi*) em juízo tutelando o direito subjetivo. *Actio* importa, pois, enunciação de direito subjetivo e, ao mesmo tempo, de tutela judiciária (Biondi, *Istituzioni*, p. 83).

---

[6] Biondi, *Istituzioni*, p. 83. Ver, mais adiante, sobre *actio in personam*.
[7] Correia, *Manual de Direito Romano*, p. 72.
[8] Martini, *Le definizioni dei giuristi romani*, p. 185.
[9] Idem, ibidem, nota 124.
[10] Biondi, *Istituzioni*, p. 83.

Actiones in rem e *actiones in personam*

Primitivamente havia uma distinção entre *actio* e *vindicatio*. A primeira dizia respeito aos direitos pessoais (dirigia-se contra a pessoa do devedor insolvente); a segunda (como o próprio vocábulo indica: *vim dicere*) era uma atuação autoritária e violenta em torno da posse de uma coisa. À *vindicatio* se opunha a *contravindicatio*. A intervenção da *Civitas* regulamentaria a *vindicatio*, transformando a luta violenta em uma luta verbal. Quando o termo *actio* adquiriu o sentido geral de qualquer ação judiciária (inclusive a *vindicatio*), passou-se a designar esta última por *actio in rem* e a antiga *actio*, como *actio in personam*.

Gaio (4.2-3) assim distingue essas duas espécies de ações: "A ação é *in personam* quando agimos contra quem se obrigou para conosco por contrato ou delito, isto é, quando pretendemos que nos devam dar, fazer ou prestar alguma coisa. A ação é *in rem* quando pretendemos uma coisa corpórea como nossa ou que temos um direito qualquer sobre ela, como o de uso, de usufruto, de passagem, de caminho, de aqueduto ou de elevar a construção, ou de vista; ou então quando a ação de nosso adversário é negatória (*2. In personam actio est, qua agimus (quotiens) cum aliquo, qui nobis vel ex contractu vel ex delicto obligatus est, id est cum intendimus dare facere praestare oportere. 3. In rem actio est cum aut corporalem rem intendimus nostram esse, aut ius aliquod nobis competere, veluti utendi aut utendi fruendi, eundi agendi aquamve ducendi vel altius tollendi prospiciendive; aut cum actio ex diverso adversario est negativa)*". Note-se que a expressão *in personam* indicava o alvo da *actio*: tomar posse da pessoa vinculada que não fez a prestação; posteriormente "quando se introduz o sistema da execução patrimonial, não mais significa legal agressão à pessoa, mas somente a possibilidade de agir contra uma pessoa previamente determinada".[11]

Voltaremos, mais adiante, às ações *in personam* e *in rem.*

[11] Idem, ibidem, p. 85-86.

3. Fases do *Ordo Iudiciorum Privatorum*

Encontramos na História do Direito Romano três sistemas de processo civil: ações da lei (*legis actiones*), formular (*per formulas*) e extraordinário (*cognitio extraordinaria*). A sucessão cronológica desses sistemas processuais é gradual: um suplanta o outro após um período de coexistência. Sob a vigência dos processos *legis actiones* e *per formulas*, a administração da justiça obedece a um conjunto de regras que constituem a *ordo iudiciorum privatorum*, a "ordem das instâncias privadas que se opõe de uma parte ao *ordo iudiciorum publicorum*, que rege os processos criminais, e de outra parte às regras que governam os processos civis cada vez mais numerosos sob o Alto Império, nos quais o próprio magistrado administrativo julga (*cognitiones extraordinariae*)".[1]

O *ordo iudiciorum privatorum* caracteriza-se pela divisão da instância em duas fases sucessivas: *in iure* e *apud iudicem*.[2] Note-se que na *cognitio extraordinaria* não mais existe esta divisão.

---

[1] Monier, *Manuel Élémentaire*, p. 129.

[2] Arias Ramos (*Derecho I*, p. 158) observa que a expressão *iudicium* designa a totalidade do processo abrangendo, portanto, as duas etapas. Não deveria ser empregada para designar só a segunda parte. Ver em breve estudo sobre a origem e a reconstituição desses textos em Levy-Bruhl, *Recherchs*, p. 158 e ss. Na

In ius vocatio

Preliminarmente se procedia ao chamamento do réu a juízo. Este chamamento (*in ius vocatio*) ficava a cargo do autor, sem intervenção da autoridade judiciária ou de seus auxiliares. A Lei das XII Tábuas (T.I.) contém interessantes disposições sobre a citação do réu.[3] Cabe aqui uma indagação: a *in ius vocatio* existiria em todos os processos? Segundo alguns autores, o ritual da *in ius vocatio* só se desenrolaria originariamente na *actio in personam*.[4] Levy-Bruhl, entretanto, observa que o processo romano implica a presença das duas partes e que se o autor deseja obter uma sentença na *actio in rem*, deve necessariamente fazer comparecer seu adversário e não pode fazê-lo, na época antiga, senão por meio da *in ius vocatio*. Esta é ainda empregada no processo formular, embora tenha sofrido profundas modificações. Diga-se de passagem que a *in ius vocatio* só se fazia neces-

---

realidade o vocábulo *iudicium* é empregado nos mais diferentes sentidos, significando respectivamente: – *Formula*, ex: *iudicium dare, edere, acceptum iudicium*; – *Ação*, ex: *iudicia stricti iuris* ou *bonae fidei*; – A segunda fase da instância: *iudicium* em oposição a *ius*. – A totalidade do processo: *iudicium legitimum et iudicium imperio continens* (Ver FOIGNET, *Manuel elementaire*, p. 293-294).

[3] Ver LEVY-BRUHL, *op. cit.*, p. 158 e ss. *Citação* é o aviso que comunica ao réu a propositura da ação (MEDEIROS, Catunda de, *Esquema de Teoria Geral do Processo*, Renovar, 5ª ed., Rio de Janeiro, 2003, p. 73).

[4] GIFFARD, *Précis de Droit Romain*, p. 95. ARANGIO-RUIZ, *Istituzioni*, p. 116.

sária se a parte contrária não estivesse de acordo em decidir o litígio na justiça.[5]

A *in ius vocatio* era um ato oral: o autor devia pronunciar certas palavras (*verba certa*). O código decenviral prevê duas hipóteses de resistência por parte do réu: uma resistência psicológica e outra física.[6] A primeira caracteriza-se pela má vontade e expressa-se na lei pelos vocábulos *ni it.* O autor apela para testemunhas (*antestamino*) e só então pode usar a força legal (*igitur eum capito*), isto é, a *vis festucaria*, força regulamentada, e não a *vis cruenta*, que é a força sanguinária, sem freio.[7] A segunda hipótese caracteriza-se pela resistência física: em caso de hesitação ou de tentativa de fuga, o autor pode lançar mão sobre o recalcitrante, sob o controle das testemunhas. Se o acusado procurar enganar ou fugir, que seja agarrado (T.I., 2, *Si calvitur pedemve struit manum endo iacito*).[8] Caso o réu se encontrasse enfermo ou fosse já idoso, o autor deveria fornecer-lhe condução. O réu podia subtrair-se à *in ius vocatio* se oferecesse um *vindex*. Qual o papel do *vindex*? Levy-Bruhl rejeita a afirmação de que ele seria

[5] LEVY-BRUHL, *Recherches*, p. 159.

[6] Idem, ibidem, p. 162.

[7] Idem, ibidem, p. 163.

[8] Idem ibidem. Não se deve confundir a *manum endo iacito* com a *manus iniectio* que será estudada mais adiante. Esta só tem aplicação contra o *iudicatus*, o *confessus* ou assemelhados. Nenhum texto trata da *manus iniectio* contra o *vocatus* (o chamado a juízo). Não há pois *manus iniectio vocati* no sentido técnico.

o representante do réu e considera-o como desempenhando o papel de um verdadeiro refém. "O autor é senhor da pessoa do *vindex* que lhe serve de fiador, que lhe garante o comparecimento futuro de seu adversário. Nada permite afirmar que se estabelece um processo entre o autor e o *vindex*."[9]

Note-se que o *vindex* deve gozar de uma condição econômica sensivelmente equivalente à do réu. A Lei decenviral (T.I.4) advertia "que um censitário sirva de *vindex* para um censitário, que qualquer pessoa que aceite o encargo, seja *vindex* para o proletário (*adsiduo vindex adsiduus esto, proletario 'jam civi' quis volet vindex esto*)". *Adsiduus* era o cidadão inscrito no censo, era o proprietário de imóvel. O proletário carecia de patrimônio.[10]

---

[9] Levy-Buhl, *Recherches*, p. 169. Ver, contudo, Arias Ramos, *Derecho Romano*, I, p. 167, nota 174: "El *vindex* no era propiamente un fiador; no garantizaba o respaldaba la obligación del *vocatus in ius*, sino que reemplazaba a este".

[10] Note-se que a Lei decenviral (T.I, 4) menciona o *vindex*, mas não fornece explicações suficientes sobre sua natureza. Alguns estariam inclinados a pensar que se trata do *vindex* da *manus iniectio* (que será estudado mais adiante). Na realidade o *vindex* aqui mencionado só pode referir-se a *in ius vocatio*. É o que se depreeende de textos posteriores, notadamente Gaio, 4.46: "*certerae quoque formulae quae sub titulo de in ius vocando propositae sunt, in factum conceptae sunt, veluti adversus eum qui in ius vocatus neque venerit neque vindicem dederit...*" São também concebidas *in factum* as demais ações propostas sob o título *de ius vocando*, como a proposta contra quem, chamado a juízo, não compareceu nem deu fiador (representante-*vindex*). Ver Gaio em D.2.4.22.1.

Observe-se ainda que o réu podia eximir-se de comparecer perante o tribunal "abandonando a coisa reivindicada" (Giffard, *Précis*, p. 95). Gaio (ad leg. XII Tab. D. 2.4.22.1) esclarece: "e também se tivesse sido feita uma transação ao ir a juízo (*et, si dum in jus venitur, de re transactum fuerit*)".

In iure

Na primeira fase processual (*in iure*), o autor afirma seu direito perante o magistrado investido de *iurisdictio* e no local onde ele exerce suas funções. Se o réu, em vez de *infitiari* (negar, contraditar), confessar (*confiteri*), isto é, reconhecer o direito do autor (*confessio in iure*), o processo chega ao término com a *addictio*. O autor apodera-se, então, da coisa (quando se trata de *actio in rem*) ou da pessoa (quando se trata de *actio in personam*). O réu, entretanto, pode contestar (*defendere rem* ou *defendere se,* conforme a ação) e o magistrado designa o juiz (*dat iudicem*).

Como era escolhido o *iudex*? Duas teses se defrontam aqui. Segundo a mais antiga, o autor poderia designar uma pessoa de sua escolha, propondo-a como *iudex* a seu adversário ou poderia escolher um nome de uma lista formada antecipadamente, propondo-o ao adversário. Em caso de recusa por parte deste, a proposta se sucederia em relação a outros nomes da lista até que um deles fosse aceito. Segundo tese mais recente, a escolha do *iudex* seria feita necessariamente dentre os nomes constantes da lista previamente estabelecida.[11] Segundo Giffard (*Études*, p. 21-22) o *iudex unus* é escolhido livremente pelas partes e investido pelo magistrado. O mesmo autor lembra o processo de nomeação de *iudex* mencionado por Cícero: "se as partes não se põem de acordo, o pretor nomeia um juiz, escolhido das listas de juízes que servem para o recrutamento das *quaestiones perpetuae*" (ver o que já se registrou acima sobre a escolha do juiz). *Quaestiones perpetuae* eram tribunais permanentes que julgavam matéria penal e foram criados a partir da *Lex Calparnia* (149 A.C.).[12]

Qual a diferença entre *iudex* e *arbiter*? Há textos que empregam indiferentemente esses termos como equivalentes. Levy-Bruhl (*op. cit.*, p. 142) sublinha duas diferenças entre *iudex* e *arbiter*. Primeiro, antigamente o *arbiter* teria sido, numa certa medida, um conciliador. E segundo, enquanto o *iudex* é um só, os *arbitri* são muitas vezes em número de três. "A diferença entre juiz e árbitro, bem nítida no início, atenuou-se progressivamente, o que explica os textos em que os dois termos são tomados um pelo outro" (Levy-Bruhl, *op. cit.*, p. 142). "A

---

[11] Levy-Bruhl, *Recherches* (p. 130 e ss.), estuda minuciosamente o problema da escolha do *iudex*.

[12] Sobre as *Quaestiones Perpetuae*, ver Monier, *op. cit.*, vol. I, p. 50. Consultar também Grosso, *Storia Del Diritto Romano*, quinta edizione, p. 310: "Cicerone (Brut. 27, 106) dice lhe le *quaestiones perpetuae* furono istituite colla legge calpurnia nel 149 av Cr. e afferma che *antea nullae fuerunt*; ma lo stesso Cicerone (de fin. 2. 16, 54) parla del pretore L Tubulus che nel 142 av. cr *exercebat quaestionem inter sicarios*. Ver nosso Direito Penal Romano, p. 8 e ss.

distinção entre *iudex* e *arbiter* foi, desde antigamente, superada e o nome de *iudex* aplicou-se ao juiz dotado de um amplo arbítrio" (Kaser, p. 366).

Apud iudicem

Na segunda fase (*apud iudicem*), o autor e o réu devem produzir as provas referentes às afirmações feitas *in iure*.[13] O *iudex*, então, prolata a sentença (*sententiam dicere, pronuntiare*), que, em virtude da investidura pelo magistrado, observa Biondi (*Istituzioni*, p. 89), "não é simples parecer de um cidadão privado, mas tem a eficácia de *res iudicata*".[14] A força da sentença, anota Levy-Bruhl (*Recherches*, p. 224), vem da investidura que foi dada ao juiz pelo *iussus iudicandi* e que faz dele um órgão do grupo social.

Na *cognitio extraordinaria* estas fases do *ordo iudiciorum privatorum* deixam de existir e a instância se desenvolve perante um juiz que é funcionário do Estado.

---

[13] Ver em Wenger (*Istituzioni di Procedura Civile Romana*, p. 195) considerações em torno da "*confessio in iudicio*": "ma mentre la *confessio in iure* può sostituire direttamente la sentenza, la cosidetta '*confessio in iudicio*', cioè la confessione del fatto, come anche dell'oggetto dell'istanza, davanti al giudice opera solo come elemento di prova".

[14] Biondi, *Istituzione,* p. 89. "Sentença é o pronunciamento do órgão jurisdicional sobre determinado litígio" (Medeiros, Catunda de, *op. cit.*, p. 48).

4. *Legis Actiones*

Noção e fontes de conhecimento

"Designa-se sob o nome de *Legis Actiones* o mais antigo sistema de processo romano, aquele sob o qual os romanos viveram desde as mais antigas origens até uma época muito difícil de datar com precisão, pois sua abolição se fez progressivamente, tendo começado no segundo século antes de nossa era."[1] Os primeiros golpes contra as *Legis Actiones* foram dados pela *Lex Aebutia* (entre 149-126 a.C.), de que trataremos mais adiante. A supressão quase absoluta das ações da lei foi realizada pela Lei Júlia de *iudiciis privatis*, do ano 17 a.C. Gaio (ver nota 1) men-

[1] Gaio (4.30-31) informa-nos que as Ações da Lei foram abolidas pela Lei Ebúcia e pelas duas Leis Júlias, admitindo-se só ditas ações em dois casos: dano iminente (*damni infecti*) e ações perante os tribunais dos centúnviros (*tamtum ex duabus causis permissum est lege agere: damni infecti, et si centumvirale iudicium*). Ainda Gaio (ibidem): "Não resta dúvida, nos processos perante os centúnviros, age-se segundo a ação preliminar da lei por *sacramentum*, perante o pretor urbano ou peregrino. Porém na ação de dano iminente, ninguém observa a ação da lei, preferindo todos, para obrigar o adversário, recorrer à estipulação publicada no edito, meio mais cômodo e eficaz" (*Sane quidem cum ad centumviros itur, ante legem agitur sacramento apud praetorem urbanum vel peregrinum. Damni vero infecti nemo vult lege agere, sed potius stipulatione, quae in edicto proposita est, obligat adversarium suum, idque et commodius ius et plenius est*).

ciona duas Leis Júlias (*duas Iulias*), referindo-se genericamente às duas leis judiciárias votadas no mesmo ano (17 a.C.), a *de iudiciis privatis* e a *de iudiciis publicis*.

Arangio-Ruiz assim caracteriza as ações da Lei: "declarações solenes acompanhadas de gestos rituais que o particular pronuncia, em geral, perante o magistrado, com o fim de proclamar um direito que se discute ou de realizar um direito previamente reconhecido".[2]

Quais as fontes de que dispomos para o estudo das ações da lei? "As referências de que dispomos acerca das ações da lei não provêm, quase nunca, de fontes contemporâneas à época em que esta forma de processo estava em vigor. É certo que os juristas e gramáticos dos primeiros séculos da era cristã reproduziam em suas obras algumas passagens da lei das XII Tábuas referentes a nosso tema, porém não compreenderíamos essas passagens se não conhecêssemos, através de outras passagens, as regras fundamentais. Nossa principal fonte de conhecimento é o manual elementar *(Instituições)* de Gaio redigido por volta do ano 150 d.C. e conservado em um manuscrito da biblioteca do Cabido de Verona. O quarto e último livro desta obra expõe o regime das ações tal como se achava vigente na época do jurista (processo formular); porém o autor inseriu também uma exposição que abarca várias páginas, consagradas ao processo das ações da lei."[3] Compreende-se assim que a grande dificuldade existente no estudo das *Legis Actiones* resida no fato de lidarmos com fontes muito

---

[2] Arangio-Ruiz, *Las Acciones*, p. 17.

[3] Idem, ibidem.

posteriores à época em que ditas *Actiones* foram elaboradas. Gaio, além dos dados fornecidos pela Lei das XII Tábuas e por outras fontes, deve ter consultado a obra *Tripertita de Sextus Aelius Paetus Catus* (cônsul em 198 a.C.), que contém a Lei das XII Tábuas na primeira parte, a *interpretatio* do *ius civile* na segunda parte e as *Legis Actiones* na terceira parte (Ver D. 1.2.2.38). Encontramos também notícias sobre as *Legis Actiones* em autores literários como Cícero, Varrão, Valério Probo, Festo e Aulo Gélio.

Designação

Qual a origem da designação *Legis Actiones*? Gaio (4.11) fornece-nos, a propósito, uma dupla explicação: As ações, que os antigos utilizaram, chamavam-se ações da lei ou porque se originavam das leis (pois então não estavam em uso os editos do pretor através dos quais várias ações foram introduzidas), ou porque se haviam acomodado às palavras das próprias leis e por isso eram cumpridas de modo imutável como as leis.[4] *(Actiones quae in usu veteres habuerunt legis actiones appellabantur, vel ideo quod legibus proditae erant,*

---

[4] Levy-Bruhl (*op. cit.*, p. 10) assim comenta as explicações de Gaio: "Au reste, les deux explications ne sont pas logiquement, absolument exclusives l'une et l'autre. On peut adopter l'une et l'autre; on peut également les adopter tontes les deux, comme aussi les rejeter toutes deux" (Cannata, *Profilo Istituzionale Del Processo Privato Romano*, p. 75). Anota, de passagem, que a perspectiva histórica de Gaio não é correta: "le legis actiones, come sappiamo, sono um istituto più antico della legge, nato nei mores dei primordi di Roma, gestiti dalla giurisprudenza dei pontefici, e da quella giurisprudenza furono creati anche i formulari più antichi: solo che questi, probabilmente, furono poi tutti, nella misura in cui li si voleva conservare, ripresi e sanciti dalle XII Tavole".

quippe tunc edicta praetoris, quibus complures actiones introductae sunt, nondum in usu habebantur vel ideo, quia ipsarum legum verbis accommodatae erant et ideo immutabiles proinde atque leges observabantur.) Arangio-Ruiz assim comenta a designação de Ações da Lei: "Seu próprio nome relaciona-as com uma lei, precisamente com a lei mais importante do direito antigo: a Lei das XII Tábuas (ano 450 a.C.). Na realidade, várias dessas ações já se encontravam vigentes no costume anterior, porém a lei decenviral regulamentou muitos detalhes do processo, fixando os casos de aplicação das diferentes ações e talvez introduzindo novas ações. Daí porque em época adiantada do desenvolvimento do Direito Romano se relacione com esta velha lei todo o sistema".[5]

Gaio (4.12) enumera cinco ações da lei: *sacramentum, iudicis postulatio, condictio, manus iniectio* e *pignoris capio.*[6]

Antes de estudarmos brevemente cada uma dessas ações em particular, tentemos apontar-lhes alguns traços característicos.

Características

Preliminarmente, deve-se sublinhar que as cinco ações da lei supramencionadas dividem-se em declaratórias e executórias. Uma ação é declaratória "quando conduz à nome-

[5] ARANGIO-RUIZ, *Las acciones*, p. 17.

[6] A Lei das XII Tábuas menciona o processo *per sacramentum, a pignoris capio*, a *manus iniectio, a iudicis postulatio*; o processo *per condictionem* foi criado posteriormente pela Lei Silia (cerca de 200 a.C.) para a cobrança de crédito de dinheiro (*certa pecunia*) e pela Lei Calpúrnia (cerca de 200 a.C.) para a reclamação de coisa certa (*de omni certa re*) que não fosse dinheiro.

ação de um juiz (ou árbitro) encarregado de estabelecer se existe o pretendido direito ou de levar a efeito uma partilha".[7] São declaratórias a *legis actio sacramento, a legis actio per iudicis arbitrive postulationem* e a *legis actio per condictionem*. Uma ação é executória quando tem por finalidade iniciar a realização de um direito: é um meio de execução. São executórias a *legis actio per manus iniectionem* e a *legis actio per pignoris capionem*. Resumindo: as três primeiras tendem à constatação de um direito; as duas últimas constituem vias de execução.[8]

As *Legis Actiones*, conforme esclarece Gaio, eram "legais", isto é, introduzidas pela lei (*legibus proditae erant*) ou "acomodadas aos termos da lei" (*legum verbis accommodatae*). Note-se, contudo, a observação de Giffard: "As ações da lei são ações legais, salvo a *pignoris capio* e algumas outras".[9]

Com exceção da *pignoris capio*, as *Legis Actiones* constituem em princípio processos judiciários que seguem o *ordo indiciorum privatorum*: passam inicialmente *in iure* e levam (ou podem levar) a um processo *apud iudicem*.[10]

Todas as *Legis Actiones* são formalistas, isto é, comportam palavras certas e solenes. Algumas exigem também determinados gestos. Os litigantes devem usar *verba certa*. Assim, por

---

[7] Arangio-Ruiz, *Las acciones*, p. 19.

[8] Giffard, *Études*, p. 27.

[9] Idem, ibidem, p. 54.

[10] Idem, Précis, p. 93. A *Pignoris capio* desenvolve-se fora do tribunal.

exemplo, quando um proprietário reivindica sua coisa, deve dizer que a coisa é sua *ex iure Quiritium.*[11] Gaio (4.11) informa-nos que "perdia a ação quem, agindo por causa de videiras cortadas, mencionasse 'videiras', pois a lei das XII Tábuas, na qual se fundava a ação por videiras cortadas, falava de árvores cortadas em geral" (*unde eum, qui de vitibus succisis ita egisset, ut in actione vites nominaret, responsum est (eum) rem perdidisse, cum quia debuisset arbores nominare eo quod lex XII tabularum, ex qua de vitibus succisis actio competeret, generaliter de arboribus succisis loqueretur*).

As *Legis Actiones* só podiam ser utilizadas por cidadãos romanos.

O processo das *Legis Actiones* é inteiramente oral, quer na fase *in iure*, quer na fase *apud iudicem.*

[11] Idem, ibidem.

5. Estudo das cinco *Legis Actiones*

Estudaremos sucintamente, a seguir, as cinco supramencionadas *Legis Actiones*, focalizando, em primeiro lugar, as ações declaratórias e, posteriormente, as executórias. Faremos uma exposição mais minuciosa sobre *legis actio per sacramentum*.

Declaratórias

Legis actio per sacramentum[1]

Gaio (4.13) considera a *actio sacramenti* como uma ação geral: "agia-se por *sacramentum* em todos os casos para os quais a lei não estabelecia processo especial" (*Sacramenti actio generalis erat: de quibus enim rebus ut aliter ageretur lege cautum non erat, de his sacramento agebatur*).

---

[1] ARANGIO-RUIZ (*Las Acciones*, p. 26) escreve sobre o vocábulo *sacramentum*: "traduzimos a palavra *sacramentum*, à falta de outra melhor, por "aposta", porém a expressão latina indica que nela se via algo sagrado, quer porque em sua origem a promessa tivesse sido feita por juramento, quer porque a soma paga pelo derrotado tivesse sido destinada ao culto dos deuses. MONIER (*Manuel Élémentaire I*, p. 141) observa sobre o mesmo assunto: "parece que o sentido primitivo da palavra '*sacramentum*' não é 'juramento', mas objeto *consagrado*: o processo consistia essencialmente na consagração de animais depositados junto aos pontífices pelos dois litigantes".

Arangio-Ruiz, que traduz *sacramentum* por aposta, assim explica a denominação desta *actio*: "O nome da ação por aposta é derivado do fato de tanto uma como outra parte prometerem, no processo, de modo solene, pagar ao tesouro público uma soma de dinheiro, que justamente recebe o nome de *sacramentum*. O objeto imediato do processo é exatamente determinar qual das partes deve pagar esta espécie de aposta".[2]

A *actio per sacramentum* pode ser *in rem* ou *in personam*. *In rem* quando o objeto da lide é um direito real ou quando está em questão o poder do *paterfamilias* sobre as pessoas ou sobre os bens de sua *domus*. A mesma ação serve também para "afirmar a liberdade de um cidadão (*causa liberalis*)" (Giffard, *Études*, p. 30).

Observe-se que o objeto (pessoa ou coisa) do litígio deve estar presente *in iure*. Não havia dificuldade em seguir esta norma quando o objeto fosse um móvel ou semovente (ver Gaio, 4.16). Se, porém, se tratasse de algo que não pudesse ser transportado ao tribunal, tomava-se, segundo Gaio (4.17), uma parte da coisa em litígio: "Sendo a coisa de natureza a não poder transportar-se ou conduzir-se a juízo sem dificuldade, por exemplo uma coluna, um rebanho, tomava-se uma parte dela (*pars aliqua inde sumebatur*). Assim, de um rebanho trazia-se a juízo somente uma ovelha (*Itaque ex grege vel una ovis*). No caso de um terreno, tomava-se um punhado de terra;

---

[2] Arangio-Ruiz, *Las Acciones*, p. 26.

no de um edifício, uma telha (*veluti ex fundo gleba sumebatur et aedibus tegula*)".[3]

Vejamos, a seguir, como se desenvolve um processo em que dois cidadãos discutem a propriedade de uma coisa.

In iure

– Os litigantes, em companhia de parentes e amigos, apresentam-se perante o magistrado levando consigo a coisa em litígio ou algo que a represente.

– Cada uma das partes afirma solenemente seu direito de propriedade sobre a coisa, tocando-a com uma varinha (*festuca, vindicta*). No exemplo de *actio sacramenti* que Gaio (4.16) nos apresenta, o objeto da reivindicação é um escravo (*hominem*) e o reivindicante (*qui vindicabat*) diz: Eu digo que este homem é meu por direito dos Quirites, segundo sua situação jurídica. Assim como disse, diante de ti, coloquei sobre ele a varinha (*Hunc ego hominem ex iure Quiritium meum esse aio secundum suam causam. Sicut dixi, ecce tibi, vindictam imposui*).

[3] Um texto das Noites Áticas de Aulo Gelio (XX.10.9) informa-nos que quando a controvérsia girava sobre uma propriedade, as partes dirigiam-se à mesma com o pretor. Com o crescimento de Roma tornou-se impossível a ida do magistrado ao local da disputa. As partes iam então a este local e, acompanhadas das testemunhas, traziam de lá um punhado de terra representando o imóvel em litígio (Ver GIFFARD, *Études*, p. 30).

O adversário pronuncia as mesmas palavras e faz os mesmos gestos (*adversarius eadem similiter dicebat et faciebat* – Gaio, 4.16).[4]

– O magistrado, então, intervém: *Mittite ambo hominem.* Deixem, ambos, o escravo.

– O primeiro litigante retoma a palavra e indaga de seu adversário: *Postulo anne dicas, qua ex causa vindicaveris.* Peço que digas a que título reivindicaste.[5]

O segundo litigante responde invocando o rito da varinha que ele acabou de praticar: *ius feci sicut vindictam imposui.* Exerci o direito tocando com a varinha.[6]

– Ocorre agora a *provocatio ad sacramentum* (desafio para a aposta). O primeiro litigante desafia: *Quando tu iniuria vindicavisti, D aeris sacramento te provoco.*[7]

---

[4] Ver uma minuciosa interpretação do texto fundamental de Gaio (4.16) em Levy-Bruhl, *Recherches sur les actions de la loi*, p. 37 e ss. A interpretação da expressão "*secundum suam causam*" é discutível. Arangio-Ruiz (*Las Acciones*, p. 27, nota 2) traduz *com tudo o que com ele se relaciona.* Levy-Bruhl (*op. cit.*, p. 44) lembra que o vocábulo *causa*, em latim, possui vários significados entre os quais um frequentemente encontrado: *condição iuridica.* Sobre o vocábulo *vindicta*, o mesmo autor observa que, na época focalizada, tem o mesmo sentido que *festuca* (varinha de madeira).

[5] *Ex qua causa? Causa* aqui não teria sentido técnico-jurídico. A expressão toda equivaleria simplesmente a *cur*? (por quê?). Ver Levy-Bruhl, *Recherches*, p. 59.

[6] Sobre o sentido dessa resposta, ver minuciosa análise de Levy-Bruhl, *Recherches*, p. 53 e ss. *Ius feci* significaria: cumpre o rito (*ius* = o rito) tanto de palavra como de gesto. O litigante alega ter cumprido corretamente o rito da varinha, rito este que tem um sentido religioso. Segundo Monier (*Manuel Élémentaire*, I, p. 141), *vindicta* aqui não significaria "varinha", mas o ato de reivindicação: "criei o direito impondo minha reivindicação".

[7] Texto em *Breviarium Iuris Romani*, p. 154, no qual se lê também a variante (nota 2): (*quingen*) *tis assibus equivalente ao D aeris.*

Visto teres vindicado injustamente desafio-te a um sacramento (a uma aposta) de quinhentos asses. O outro responde: *Et ego te*. E eu te desafio.

As partes litigantes provocaram-se mutuamente para uma aposta (*sacramentum*) que consistia a essência da *Legis actio sacramentum*. A soma era de 500 asses se a coisa, objeto do litígio, alcançasse ou superasse o valor de 1.000 asses; era de 50 asses se este valor fosse inferior. Nas controvérsias sobre a liberdade de um homem, o *sacramentum* era de 50 asses. Os litigantes comprometiam-se a pagar o *sacramentum* em favor do Estado se perdessem o processo e apresentavam fiadores (*praedes sacramenti*) como garantia do pagamento. A coisa em litígio era, então, entregue a um dos litigantes (Gaio, 4.16: *id est interim aliquem possessorem constituebat*). O detentor da posse provisória deveria oferecer ao adversário garantia de restituição da coisa (*praedes litis et vindiciarum*: fiadores da coisa litigiosa e de seus frutos).[8]

Caso as formalidades processuais *in iure* não chegassem a seu término no mesmo dia (o juiz não podia exercer sua atividade após o pôr-do-sol consoante o disposto na lei decen-

---

[8] O texto de Gaio (4.16 e 94) explica o sentido de *praedes litis et vindiciarum*: *id est rei et fructuum* (da coisa e dos frutos). Giffard (*Études*, p. 33) considera-a uma glosa que, entretanto, reflete o sentido exato das garantias: não só a coisa, mas também os frutos deverão ser restituídos em caso de derrota. Giffard observa (ibidem nota 19) que *vindiciae* não significa frutos, nem *lis* significa coisa.

viral: *Si ambo praesentes, solis occasio suprema tempestas esto*), as partes comprometiam-se a um novo comparecimento através do *vadimonium* (promessa contraída perante o magistrado). O réu que não se compromete pessoalmente apresenta *vades* (fiadores) que assumem o compromisso de pagar uma soma em dinheiro caso o réu não compareça.[9] Segundo Monier, "à falta de *vades,* o réu era provavelmente levado pelo autor, que o conservava em cárcere privado até o dia fixado para seu novo comparecimento *in iure*".[10]

Na fase final do processo *in iure* (ignora-se se antes ou depois da designação do *iudex*), realizava-se a *litis contestatio*, a determinação do litígio, "cuja finalidade era impedir que alguma das partes procurasse alterar os termos do mesmo, tal como fora proposto perante o magistrado".[11] A *litis contestatio* se processava mediante convite aos cidadãos presen-

---

[9] Os *vades* desempenham o papel de devedores. O *vadimonium* é uma promessa feita por meio de uma estipulação entre o autor e as *vales*. O *vas* se compromete a pagar uma soma de dinheiro caso o réu não compareça *in iure*. Ver Levy, *op. cit.*, p. 195 e ss. Note-se que havia também um *vadimonium* extrajudicial entre as partes e sem a presença do magistrado e que se generalizou como meio de citação mais simplificado (ver Arias Ramos, *Derecho Romano I*, p. 168).

[10] Monier, *Manuel Élémentaire*, p. 138.

[11] Arangio-Ruiz, *Las Acciones*, p. 28. Sobre a escolha do juiz, ver Biscardi, Lezioni, p. 118-120.

tes (cada parte se fazia acompanhar de amigos e parentes) no tribunal para que fixassem a lembrança exata do que havia acontecido.[12]

Apud iudicem

Segundo a já citada Lei Pinária, deveria decorrer o prazo de trinta dias para que fosse designado o *iudex,* que, antes dessa lei, era nomeado imediatamente conforme informa Gaio (4.15): *ante eam autem legem statim dabatur iudex.* Ainda Gaio: "Nomeado o juiz, as partes marcavam o terceiro dia (*comperendinum diem*) para o comparecimento em juízo". Arangio-Ruiz chama a atenção para as consequências do não comparecimento de um dos litigantes até o meio-dia: "Segun-

---

[12] Levy-Bruhl (*op. cit.*, p. 189) reproduz o texto de Festus (V *contestari litem*) sobre a *litis contestatio*: "Contestari litem dicuntur duo aut plures adversarii quod, *ordinato iudicio* utraque pars dicere solet: testes estote". Giffard (*Études*, p. 50-51) assim comenta este texto: "os litigantes, após a numeração de juiz (*ordinato iudicio*), fazem apelo aos assistentes em uma interrogação solene: *testes estote*: sede testemunhas. Biscardi (*Lezioni sul processo romano antico e clássico*, p. 50 e ss.) apresenta um minucioso estudo da *litis contestatio* no processo das *Legis Actiones*. São reproduzidos três textos de Festus: o acima citado, uma definição de *contestari* (*contestari est cum uterque reus dicit: testes estote*) e uma definição de *reus* (*qui causam dicit* ou ainda *reus est qui cum altero litem contestatam habet, sive is egit, sive cum eo actum est*). Temos aqui dois sentidos de *reus*: o que defende a própria causa ou indiferentemente qualquer um dos litigantes (*sive is egit, sive cum eo actum est*). Ver estudo mais minucioso sobre a *litis contestatio* em Levy-Bruhl, p. 188. Às páginas 189, 190, o mesmo autor discute sobre quem seriam as testemunhas da *litis contestatio*.

do as XII Tábuas, se um dos litigantes não comparecesse antes do meio-dia, o juiz decidia a propriedade da coisa em favor daquele que estava presente".[13]

Diante do juiz, informa-nos Gaio (4.15), as partes, "antes de defenderem a causa, costumam fazer-lhe um breve apanhado (*quasi per indicem*) da mesma, chamado *causae coniectio*, por ser um sumário da questão". A exposição dos litigantes conta aqui com o testemunho dos testes que estiveram presentes *in iure*. Sublinhe-se que esta fase do processo não estava sujeita ao formalismo da anterior: "não há ordem rigorosa a respeitar, nem fórmula ritual a pronunciar, nem gesto simbólico a fazer".[14]

Os advogados das partes desenvolvem seus argumentos e passa-se, em seguida, à produção das provas. Esta se processa sem regras fixas. Enfatize-se a importância da prova testemunhal numa época em que os atos escritos eram relativamente raros. Em matéria civil, em princípio, ninguém era obrigado a depor como testemunha.[15]

---

[13] Aragio-Ruiz, *Las Acciones*, p. 31.

[14] Gaudemet, *Le Droit Privé Romain*, p. 173.

[15] Segundo Levy-Bruhl, *op. cit.*, p. 218, em matéria civil, em princípio, ninguém é obrigado a depor. Existe, entretanto, pelo menos, uma exceção em XII T. 8,22: *ni testimonium fatiatur improbus intestabilisque esto* (se negar testemunho será considerado infame). Sobre o uso da escrita, Levy-Bruhl (*op. cit.*, p. 219) anota: "*Quant aux écrits, ils ne sont utilisés en justice qu'a partir du moment ou l'écriture commence à se repandre dans la société romaine. A la fin de la période des Actions de la loi c'est em usage bien établie. Nous savons par les plaidoyers de Cicerón quïl était fréquent qu'on lût des documento à la barre*".

Os advogados examinavam e criticavam o depoimento das testemunhas. A quem competia a prova? Evidentemente se o autor não aduzisse provas relativas à sua pretensão, o réu conservaria a posse da coisa em litígio. Vale, portanto, o princípio: *actori incumbit probatio* (cabe ao autor a prova). Esta regra entretanto é tardia (foi formulada por Paulo, D. 22.3.2: *Ei incumbit probatio qui dicit, non qui negat*) e possui um valor relativo, pois o réu também deveria produzir provas a seu favor para destruir a argumentação de seu adversário. Como já salientamos, as partes gozam de ampla liberdade na fase probatória.

Digamos agora algumas palavras sobre a sentença. O *iudex*, que não é necessariamente um especialista e recorre a assessores, dispõe aqui de ampla liberdade e, em princípio, deve prolatar a sentença[16] (*iudicare debet, etiam invitus*). A confissão do réu *ante iudicem* (que não deve ser confundida com a *confessio in iure*) não susta o processo e não exime o *iudex* de sentenciar. A sentença vai refletir o que ele sente (*quod sentit*). Aulo Gélio (Noites Atiças 14.2.15) indaga se o juiz pode exercer o papel de conciliador entre as partes (*an deceat atque conveniat iudici, causa iam cognita, si facultas esse videatur componendi negotii*). Levy-Bruhl observa que esta não é a concepção romana do *iudex*.[17] A missão do juiz consiste em escolher entre as duas

[16] Levy-Bruhl (*Recherches*, p. 221) chama a atenção para o caso em que o juiz não se considerasse suficientemente esclarecido (*sibi non liquere*). Que aconteceria? Segundo Levy-Bruhl, "não podemos fazer senão conjecturas". As partes ecolheriam outro juiz. Segundo Wenger (*Istituzioni di procedura*, p. 201) "*Si veniva allora alla translatio a um altro giudice*".

[17] Levy-Bruhl, ibidem, p. 223.

pretensões contraditórias que foram formuladas pela *litis contestatio.*[18] O ato de julgar (*iudicare*) implica aqui duas operações simétricas e contraditórias: uma *condemnatio* e uma *absolutio.*[19] O ato judicante subordina-se estritamente às alegações da parte. Vencerá aquela que, por sua argumentação, tiver convencido o *iudex.* Este prolata sua sentença no mesmo dia dos debates, a não ser que ainda não tenha formado sua convicção ou que as partes não tenham concluído suas alegações antes do pôr-do-sol (XII Tabulae, 1.9: *si ambo praesentes, solis occasus suprema tempesta esto*). "A sentença não decide diretamente nem sobre a propriedade da coisa, nem sobre o título de herdeiro, nem sobre a liberdade ou escravidão do escravo em discussão etc., mas sobre se a soma que cada parte prometeu ao tesouro público é ou não devida. Na linguagem romana, o juiz declara que a aposta de uma das partes é justa (*sacramentum iustum*) e que a da outra é injusta (*sacramentum iniustum*). Declaração que continha, implicitamente, a decisão do conflito sobre o qual se efetivou a aposta. Se minha aposta é justa, por exemplo, é que sou o proprietário da coisa, se é injusta, é que minha pretensão está rechaçada."[20]

---

[18] Idem, ibidem.

[19] Iden, ibidem, p. 227. O vocábulo *iudicare* visa tanto a absolvição como a condenação. Foi entretanto empregado de preferência neste último sentido. Quando a Lei das XII Tábuas (3.1) fala *de rebus* (ou *reis*) *iure iudicatis* visa os condenados (Levy-Bruhl, ibidem, nota 1). Ver também, p. 281.

[20] Giffard, *Études*, p. 52. Ver também Biscardi, *op. cit.*, p. 115 ss.

A força da sentença do *iudex* advém da investidura que lhe foi feita através do *iussus iudicandi* (ordem de julgar). O *iudex*, simples particular, torna-se pela designação do magistrado autoridade pública. Qual a natureza da sentença? Já vimos no item referente à evolução histórica do processo civil que, segundo Biondi, a sentença do *iudex* reveste a eficácia de *res iudicata* (coisa julgada). Giffard (*Études*, p. 52), entretanto, observa que a sentença do *iudex* ou árbitro não tem aquilo que chamamos de "autoridade de coisa julgada". As partes estariam impedidas de intentar nova ação não porque foi prolatada uma sentença, mas sim por causa da regra que proíbe a propositura de uma ação com a mesma finalidade: *bis de eadem re se sit actio.*

Quais os efeitos jurídicos da sentença? A sentença sobre o *sacramentum* fazia com que o homem reconhecido livre pudesse viver como tal; que o homem reconhecido escravo seguisse seu dono; que o pai levasse consigo seu filho; que o detentor da posse provisória da coisa em litígio fosse reconhecido como verdadeiro proprietário. Se a coisa estivesse na posse do litigante perdedor, este estava obrigado a executar a sentença (*iudicatum facere*) em face do compromisso assumido pelos *praedes litis et vindiciarum.* Observe-se que a sentença do *iudex* não possui força executória, não pode ser cumprida *manu militari.* A missão do juiz termina com a prolação da sentença, mas o vencedor podia, por exemplo, intentar a *manus iniectio* contra o condenado.

Caso ambos os litigantes estivessem impossibilitados de justificar suas pretensões, os dois *sacramenta* seriam declarados *iniusta* e ambas as partes deveriam pagar a aposta ao Estado, ficando a coisa na posse daquele a quem fora confiada até que fosse reclamada pelo verdadeiro proprietário. O indivíduo reivindicado como escravo permanecia em liberdade provisória.[21]

A *actio sacramenti in personam* ocorre quando se trata de direito de créditos. Infelizmente não dispomos de informações suficientes para uma exposição segura sobre essa modalidade do *Sacramentum* em virtude de os textos de Gaio a ela referentes faltarem ou serem ilegíveis no manuscrito de Verona. Observe-se, todavia, que Gaio (4.16) presta-nos um importante esclarecimento quando diz que a partir de uma certa fase da instância as coisas se passam no *Sacramentum in rem*, exatamente como no *Sacramentum a personam* (*Deinde eadem sequebantur quae cum in personam ageretur*). Lery-Bruhl observa: "Pode-se inverter a fórmula e dizer que no *Sacramentum in personam* as coisas se passavam como no *Sacramentum in rem*. Mas se na sua fase terminal as duas modalidades do *Sacramentum* eram idênticas, elas eram necessariamente diferentes na fase anterior do processo".[22]

---

[21] Monier, *Manuel Élémentaire I*, p. 143.

[22] Levy-Bruhl, *Recherches*, p. 84. Ver em Fuentesca (*Investigaciones de Derecho Procesal Romano*, p. 21 e ss.) interessante estudo sobre a *legis actio sacramento in personam*: "la figura de la *legis actio sacramento in personam* no resiste una determinada crítica, como vamos a comprobar seguidamente".

Passagens de autores como Valerius Probus, Cícero, Festus, Aulus Gellius dão-nos informações que, até um certo ponto, suprem as falhas do manuscrito gaiano. Assim, por exemplo, Valerius Probus reproduz-nos a fórmula com que o credor acusa o devedor: "*Aio te mihi dare oportere...*" (digo que deves dar-me...).[23] Se o réu contestasse, certamente usaria uma fórmula simétrica e antitética: *Nego me tibi dare oportere...* (nego que eu deva dar-te...). Não há gestos rituais. "O *Sacramentum in personam* é, assim, mais simples que o *sacramentum in rem*. A autoridade judiciária encontra-se aqui quase imediatamente colocada diante do impasse."[24] Valerius Probus (4.2) registra a *provocatio sacramento*: "Porque negas, desafio-te a um *sacramentum* de 500 asses" (*quando negas, te sacramento quingenario provoco*).

[23] Observações de Levy-Bruhl sobre esta fórmula: 1. O credor investe desde logo contra o adversário. A pessoa do réu está bem individuada. Note-se que no *sacramento in rem* torna-se indiferente a pessoa do réu. Importante é a coisa vindicada. Omite o *ego* (eu). Basta o *aio* (eu digo). Sua qualidade de credor é suficiente. Não há referência ao *ius* Quiritium. O vocábulo *oportere* é enérgico: indica uma obrigação jurídica reconhecida pelo *ius civile* e, posteriormente, pelo *ius praetorium*.

[24] Levy-Bruhl, ibidem, p. 87. Sobre o valor das fórmulas de Valério Probo para reconstituir o *sacramentum in personam* ver Scialoja, *Procedimiento*, p. 134.

Iudicis postulatio[25]

O texto referente à *iudicis postulatio* no manuscrito de Verona é ilegível, mas essa lacuna foi preenchida com a descoberta de um fragmento de Gaio, no Egito, em 1933, estudado e publicado por Arangio-Ruiz em 1935. Compreende-se que essa descoberta viesse modificar as noções anteriores a 1933 sobre a *iudicis postulatio.*

Um texto de *Valerius Probus* (4.8) dá-nos notícia sobre as palavras solenes dirigidas pelo autor ao magistrado: *Te praetor iudicem arbitrumve postulo uti des* (peço-te, pretor, que nomeies um juiz ou um árbitro). Gaio, nos novos fragmentos (4.17a), assim descreve a *iudicis postulatio*: "O autor dizia: 'Digo que tu me deves pagar dez mil sestércios com base na *sponsio*; peço que confirmes ou negues'. O adversário dizia que não devia (dar); o autor dizia: 'já que tu negas, peço-te, ó pretor, que nomeies um juiz ou um árbitro'. E assim, neste gênero de ação podia-se negar sem incorrer em pena. A mesma lei mandou agir por *iudicis postulatio* na partilha de herança entre os co-herdeiros. O mesmo fez a Lei Licínia quando tratasse de dividir alguma coisa em comum. Assim, indicada a causa em razão da qual se agia, pedia-se logo um árbitro" (*Qui agebat sic dicebat: ex sponsione te mihi X milia sestestiorum dare oportere aio: id postulo aias an neges. Adeversarius dicebat non oportere, Actor dicebat: quando tu negas, te praetor iudicem sive arbitrum postulo uti des. Itaque in*

[25] Levy-Bruhl, ibidem, p. 245 e ss.

eo genere actionis sine poena quisque negabat. Item de hereditate dividenda inter coheredes eadem lex per iudicis postulationem agi iussit. Idem fecit lex Licinnia, si de aliqua re communi dividenda ageretur. Itaque nominata causa ex qua agebatur statim arbiter petebatur). Sobre este novo texto vale fazer as seguintes considerações:

– Na *iudicis postulatio* o litigante derrotado não sofre pena alguma, isto é, não há aposta a perder. Só deve pagar a soma já devida. "Este processo, menos perigoso, é aplicável somente nas hipóteses previstas em lei, enquanto todos os demais litígios concernentes a direitos subjetivos e obrigações jurídicas são suscetíveis de serem objeto de uma aposta."[26]

– A expressão *ex sponsione*, acentua Lery-Bruhl, representa "uma verdadeira revolução no processo, no sentido em que a pretensão do autor não mais se exprime sob uma forma abstrata...". [27] A pretensão está fundamentada: menciona-se a fonte do direito ou causa da pretensão (*mominata causa, ex sponsione*).

– Em lugar de uma *provocatio ad sacramentum,* o autor pede logo a designação de um juiz ou árbitro. Sublinhe-se que "*quando negas*" dirige-se ao adversário e "*postulo...ut des*" ao magistrado.

– Segundo Giffard, o *iudex* ou *arbiter* era imediatamente designado pelo magistrado, sem que se esperasse o decurso do

[26] Arangio-Ruiz, *La acciones*, p. 38.
[27] Levy-Bruhl, *Recherches*, p. 247.

prazo de trinta dias já mencionado e estabelecido pela Lei Pinária.[28] A expressão *statim arbiter petebatur* (imediatamente era pedido um árbitro) tem dado margem a dúvidas. Lery-Bruhl observa que "como se trata não de um magistrado ou de um funcionário, mas de um jurado escolhido pelas partes, na sequência de um procedimento que pode ser bem complicado, fica excluído que o juiz tenha podido ser designado imediatamente". Aguardar-se-ia, então, o prazo estabelecido pela Lei Pinária.[29]

– Já mencionamos a existência de divergências respectivamente quanto ao sentido de *iudex* e *arbiter*.[30]

– A *iudicis postulatio* era empregada: a) na cobrança de crédito originado *ex sponsione*; b) nas chamadas ações divisórias, como a divisão de herança (*actio familiae erciscundae*) e a divisão de bens comuns (*actio communi di-*

---

[28] GIFFARD, *Précis*, p. 103. Sobre a expressão *sive arbitrium* ver ARANGIO-RUIZ, op. cit., p. 40 nota 1.

[29] LEVY-BRUHL, *Recherches*, p. 253. CANNATA, *Profilo Istituzionale*, p. 63, observa a propósito da nomeação do juiz: "Dopo di che, il magistrato provvedeva a nominare um giudice: a quanto dice Gaio (4.15): egli riferisce di ciò a propósito della *legis actio sacramento in personam*: Ma sono notizie che valgono certo anche per la *iudicis postulatio* – se non solo per questa, od originariamente per questa) la nomina del giudice avveniva in origine immediatamente, poi, in forza di uma lex Pinaria (posteriore alle XII Tavole) nel trentesimo giorno successivo". WENGER, *Istituzioni di Procedura Civile Romana*, p. 124, enumera entre as características da *legis actio* em questão a nomeação *statim* do juiz. ARIAS RAMOS (*Derecho Romano I*, p. 174) anota: "no se aplicaba el plazo de la lex Pinaria, sino que se designaba el juez en el acto".

[30] Ver sobre esta diferença: LEVY-BRUHL, *Recherches*, p. 250, 251; ARANGIO-RUIZ, *Las acciones*, p. 41, e GIFFARD, *Études*, p. 38. KASER, *Derecho*, p. 360, 366.

vidundo). Arangio-Ruiz (*Las Acciones*, p. 41) anota sobre as ações divisórias: "Gaio diz-nos que a ação divisória da herança entre os herdeiros (*actio familiae erciscundae*) foi introduzida pela Lei das XII Tábuas, enquanto que a ação divisória de uma coisa comum (*actio communi dividundo*) o foi por uma lei especial mais recente: a Lei Licínia. Não se detém o jurista sobre os detalhes desse procedimento, limitando-se a assinalar que após haverem as partes exposto ao magistrado a situação, ato contínuo, pediam a nomeação de um árbitro. Um problema muito discutido consiste em determinar quando este particular encarregado de resolver o conflito recebia o nome de juiz ou quando, ao contrário, era denominado árbitro".

Legis actio per condictionem

A *condictio* não é mencionada na Lei das XII Tábuas. Levy-Bruhl (*op. cit.*, p. 270) considera-a, entre as Ações da Lei, "a que merece melhor esse nome, no sentido em que foi criada por um ato legislativo ou mais exatamente por duas leis, cujo nome nos é dado por Gaio: são as Leis Sília e Calpúrnia". A Lei Sília, primeira em data, refere-se à cobrança de crédito de dinheiro (*certa pecunia*), a Lei Calpúrnia (final do século III a.C.) trata de prestações de coisa certa (*de omni certa re*), exceto dinheiro. O fragmento encontrado no Egito em 1933 veio completar o que já se conhecia sobre a *condictio*. Gaio (4,17b-19): "Agia-se *per condictionem* assim: 'Eu digo que tu deves pagar-me dez mil sestércios; peço confirmes ou negues o que digo'. O adversário dizia que não devia (pagar a dívida). O autor dizia: 'Já que negas, intimo-te para que compareças dentro de trinta dias a fim de escolher um juiz'. A seguir deveriam apresentar-se no trigésimo dia para que se designasse um juiz. *Condicere* significa, na linguagem antiga, avisar. Por isso esta ação chamava-se apropriadamente *condictio*, pois o autor intimava o adversário para que comparecesse dentro de trinta dias a fim de que se designasse um juiz. Atualmente chamamos impropriamente *condictio* a *actio in personam* pela qual pretendemos que nos deva ser dado (algo), pois hoje nenhuma intimação se faz com aquele nome. Esta ação da lei foi instituída pela Lei Sília e (pela lei) Calpúrnia; pela Lei Sília para quantia certa; pela Lei Calpúrnia para toda coisa certa" *(Per condictionem ita agebatur: Aio te mihi sestertiorum X milia dare oportere: id postulo aias an neges. Adversarius dicebat non oportere. Actor dicebat: Quando tu negas, in diem tricensimum tibi iudicis capiendi causa condico. Deinde die tricensimo ad iudicem capiendum praesto esse debebant. Condicere autem denuntiare est prisca língua. 18. Itaque haec quidem actio proprie condictio vocabatur; nam actor adversario denuntiabat, ut ad iudicem capiendum die XXX adesset. Nunc vero non proprie condictionem dicimus actionem in personam esse, qua intendimus dari nobis oportere: nulla enim hoc tempore eo nomine denuntiatio fit. 19. Haec autem legis actio constituta est per legem Siliam et Calpurniam, lege quidem Sília certae pecuniac, lege vero Calpurnia de omni certa re).* Com base nos textos (do "novo" e do "velho" Gaio), podemos tecer as seguintes considerações em torno da *Legis Actio* em tela:[31]

– A *condictio* (aviso, notificação, intimação, citação) caracteriza-se, segundo a fórmula transmitida por Gaio, pela convocação direta feita pelo autor a seu adversário no sentido de, no prazo de trinta dias, comparecer para a designação do juiz.[32]

– Uma das principais diferenças entre a *iudicis postulatio* e a *condictio* é que na fórmula da primeira relativa à estipulação figura a indicação da fonte jurídica da obrigação, enquanto que a segunda apresenta-se como ação abstrata em que o autor não precisa declarar o fundamento (*causa*) do crédito.[33]

– Na *condictio* não se faz menção a *arbiter*.[34]

---

[31] Levy-Bruhl, *Recherches*, p. 264 e ss.

[32] Gaio (4,17b) anota que, na linguagem antiga (*prisca lingua*), *condicere* equivalia a *denuntiare* (avisar), mas que, na sua época, (séc. II d.c.), *condictio* (categoria de ações pessoais) não tem mais o sentido de *denuntiatio* (convocação para um comparecimento). Ver Levy-Bruhl, *op. cit.*, p. 264, nota 1.

[33] Ver, contudo, Levy-Bruhl (*op. cit.*, p. 266), segundo o qual a supressão da menção da causa não implica a caracterização de ação obstrata. A ausência de causa explícita é explicada. O autor conclui: "La *brevis coactio* qui *se produisait au debut de* la phase *ante iudicem* suffisait *a* èclairer le iuge sur de objet du litige" (ver também idem ibidem, p. 266, nota 1).

[34] Segundo Levy-Bruhl (*op. cit.*, s. 248), a missão do árbitro seria medir, apreciar, estimar. Na *condictio* o objeto do litígio era, por definição, uma *res certa*, não sendo necessária praticamente a liquidação.

– Gaio nada diz sobre a existência de uma *poena* na *condictio*. Levy-Bruhl julga provável essa existência.[35] Segundo Giffard, a *condictio* comportava a *poena*, que era proporcional ao valor do litígio (um terço) e devida ao litigante vencedor, e não ao Fisco.[36]

– Gaio (4.20) observa que se discutia a razão pela qual teria sido criada a *condictio*, uma vez que "poderiam obter o que nos fosse devido (*quod nobis dari oportet*) ou por *sacramentum* (*aut sacramento*), ou por *iudicis postulatio* (*aut per iudicis postulationem*). Levy-Bruhl responde a esta observação de Gaio dizendo que a criação da *condictio* se justificava, por exemplo, pelas seguintes razões:[37] a) na *condictio* a resposta do magistrado, no sentido de dar ou não dar um juiz, é considerada *a priori* como afirmativa, o magistrado limitar-se-á a investi-lo; b) a *poena* perde seu caráter legal tornando-se "senão convencional, ao menos facultativa".

– Quanto ao campo de aplicação da *condictio* já vimos que era utilizada para satisfazer aos créditos que tinham por objeto uma soma em dinheiro (Lei Sília) e cobrar as dívidas relativas a uma coisa determinada (Lei Calpúrnia), mas note-se que a *condictio* não se aplicava quando se impunha uma avaliação. Para

[35] Levy-Bruhl, *op. cit.*, p. 269. O autor argumenta com a existência da *poena* na *actio certae creditae pecuniae* (processo formular da qual a *condictio* é um precedente imediato).
[36] Giffard, *Précis*, p. 104.
[37] Levy-Bruhl, *Recherches*, p. 270.

que pudesse ser exercida a *condictio* era necessária a existência de uma "obrigação" no sentido técnico do termo, pois o autor, para caracterizar a dívida por parte do réu, emprega termos técnicos: "*dare oportere*".

– Resta ainda uma indagação: a criação da *condictio* teria suprimido o emprego das ações das Leis anteriores quando ocorressem as mesmas hipóteses? Ou deixava a escolha a critério dos interessados? Depois de observar que é impossível responder com certeza a essa questão, Levy-Bruhl admite que a *condictio* era oferecida e não imposta. Assim, por exemplo, quando se tratasse de estipulação de soma de dinheiro, o credor podia escolher entre a *iudicis postulatio* e a *condictio*. No contrato *litteris*, pode-se supor que se apresentasse a mesma opção ente *sacramentum in personam* e *condictio*, sendo que esta última revelava-se mais prática. Talvez se possa afirmar (é apenas uma conjectura) que em caso de concorrência entre o *sacramentum in personam* e a *condictio*, esta seria aplicada. A primeira continuaria utilizada nas hipóteses em que não coubesse a *condictio*.[38]

---

[38] Idem, ibidem, p. 273.

Executórias

Manus Iniectio

A *manus iniectio*, segundo Arangio-Ruiz, a mais antiga das ações da lei; no dizer de Monier "é, por excelência, a via de execução dos julgamentos".[39] As principais informações de que dispomos sobre a *manus iniectio* encontram-se em Aulo Gélio (*Noctes Atticae* 20.1.42 e 15. 13.11) e Gaio (4.21).

Eis como Gaio (4.21) descreve a *manus iniectio*: "Agia-se igualmente por *manus inietio* nos casos a respeito dos quais através de alguma lei tivesse sido determinado que assim se fizesse, como, por exemplo, na execução de um julgamento, em virtude da Lei das XII Tábuas. A ação se desenvolvia assim: o autor dizia: 'Porque foste julgado (ou condenado) no sentido de que me deves dez mil sestércios e já que não pagaste, lanço a mão sobre ti por causa dos dez mil sestércios" e ao mesmo tempo pegava uma parte do corpo do devedor. Nem era permitido ao julgado (o réu) afastar de si a mão e defender-se vias legais, mas fornecia um representante (*vindex*) que costumava agir por conta própria (e em outra tradução: para agir por ele); quem não tivesse *vindex* era levado pelo autor para a casa (deste) e acorrentado" (*Per manus iniectionem aeque de his rebus agebatur de quibus ut ita ageretur, lege*

[39] Arangio-Ruiz, *Las acciones*, p. 19, e Monier, *Manuel I*, p. 146.

aliqua cautum est, veluti iudicati lege XII tabularum. Quae actio talis erat: qui agebat, sic dicebat: quod tu mihi judicatus (sive damnatus) es sestertium X milia, quandoc non solvisti, ob eam rem ego tibi sestertium X milium iudicati manus inicio, et simul aliquam partem corporis eius prehendebat. Nec licebat iudicato manum sibi depellere et pro se lege agere, sed vindicem dabat qui pro se causam agere solebat; qui vindicem non dabat, domum ducebatur ab actore et vinciebatur).

Aulo Gélio reproduz-nos um texto da Lei das XII Tábuas (a reprodução deve ser exata com relação ao texto então conhecido, mas não deve corresponder exatamente ao conteúdo primitivo da Lei Decenviral:[40]

> Uma vez confessada uma dívida de dinheiro ou julgada a causa legítima, que sejam concedidas trinta dias de prazo legal (*dies iusti*). Em seguida haverá *manus iniectio*, que o conduzam ao tribunal. Se não se submete ao julgamento (se não paga a dívida) e se alguém não se apresenta como *vindex* no tribunal, (o credor) leve-o consigo, amarre-o com uma correia ou com cadeias de um peso máximo de quinze libras, ou menos se quiser (*Aeris confessi rebusque iure iudicatis triginta dies iusti sunto. Post deinde manus iniectio esto. In ius ducito. Ni iudicatum facit aut quis endo eo in*

[40] Levy-Bruhl, *Recherches*, p. 282.

iure vindicit, secum ducito. Vincito aut nervo aut compedibus XV pondo, ne maiore aut si volet minore, vincito T.III, 1-3).[41]

A História da *manus iniectio* se desdobra em duas fases distintas: na época da Lei das XII Tábuas e na época posterior à Lei.

Manus iniectio na época da Lei das XII Tábuas

Com base no texto supracitado, podemos afirmar que a *manus iniectio* se aplica, na época da Lei da XII Tábuas, em caso de *iudicatum* (no caso de uma condenação judiciária a pagar certa importância) ou em caso de *confessum* (*confessio in iure*), confissão de uma dívida em dinheiro. Segundo o mesmo texto decenviral, havia um prazo de trinta dias a partir da sentença judiciária ou da *confessio* durante o qual o devedor não podia ser objeto de nenhuma medida coercitiva. Expirado o prazo dos trinta dias (*dies iusti*), o credor levava o devedor perante o magistrado de acordo com as prescrições decenvirais sobre a *in ius vocatio* já estudadas. Sublinhe-se mais uma vez (ver nota 53) que não há *manus iniectio* (no sentido técni-

[41] Ernout (*Recueil de textes latins archaiques*, p. 117) faz os seguintes comentários sobre este texto: "I A., Gelle XX, 1, 45 *aeris confessi*: genitif de rélation? Texte douteux. *Confessi "de quo facta confessio est"* Gell XV, 13, 11-3 *iudicatum facere* "se soumettre au jugement" ici "payer la dette" endo eo "ineo, inibi". As expressões *endo eo in iure* apresentam-se de difícil tradução. "*In iure*" teria sido acréscimo de um glosador. Alguns autores invertem a colocação de *maior e minor*. Ver nota 115.

co) extrajudicial. Este procedimento só ocorre no tribunal (*in iure*), perante o magistrado.[42]

Presentes ambas as partes no tribunal, o credor, seguindo o ritual descrito por Gaio, pronunciava a fórmula reproduzida acima.[43]

Note-se que a situação do *confessus* era diversa da do *iudicatus*. Aquele reconhecera sua dívida *in iure* e sua *confessio* fora homologada por uma *addictio* do magistrado, isto é, pela ratificação, por parte da autoridade pública, do reconhecimento de uma dívida. O devedor teria então um prazo para saldar o débito (se não estivesse em condição de fazê-lo imediatamente) e sua dívida não mais poderia ser contestada. Ou pagava ou sofria os rigores da execução em sua pessoa. Não haveria neste caso a intervenção do *vindex*, pois este, tomando partido do devedor, deveria impugnar a decisão que o condenara. Esta impugnação, entretanto, não teria sentido no caso da *confessio in iure*.[44]

Na realidade faltam-nos informações precisas sobre o que ocorria na hipótese de o devedor ser um *confessus*. O texto de

---

[42] Levy-Bruhl critica a teoria de Noailles que, apegando-se à descrição dos elementos da *manus iniectio* da Lei das XII Tábuas interpretada literalmente, conclui que este procedimento precede à *ductio in ius* (condução ao tribunal): "Mas existe aí uma confusão e *manus iniectio esto*, no texto decenviral, não visa uma apreensão corporal imediata do devedor, é o anúncio ao procedimento que vai ser descrito nos membros de frase que seguem. (*Recherches*, p. 289). Note o leitor a tradução: haverá *manus iniectio*.

[43] Vale reproduzir a observação de Monier (*Manuel I*, p. 147): "Mau grado seu arcaísmo, esta frase não é tomada das Doze Tábuas, pois nesta época os sestércios não são conhecidos e os lingotes de bronze servem de moeda".

[44] Seguimos aqui Levy-Bruhl, *Recherches*, p. 291.

Gaio descreve com precisão o que ocorria se o devedor fosse um *iudicatus*. Cabem então três hipóteses:[45] a) o devedor paga a dívida; b) o devedor apresenta um *vindex*; c) o devedor nem paga nem apresenta *vindex*.

Na primeira hipótese a demanda está finda. Na segunda hipótese surge o *vindex*, figura já focalizada na *in ius vocatio*. A intervenção do *vindex* da *manus iniectio*, entretanto, apresenta características próprias.[46]

Assemelha-se à do *adsertor libertatis* na *causa liberalis* (um cidadão romano atua como representante processual da pessoa cuja situação de livre ou escravo se discute): visa liberar o devedor. O *vindex* intervém pronunciando palavras solenes (*certis verbis*) e afastando a mão (*manum depellere*) do credor posta sobre o corpo do devedor. O gesto do *vindex* é uma violência (*vindex* é aquele que *vim facit*) oposta à *manus iniectio*, considerada aplicada não segundo o direito (*iure*), mas por violência (*vi*). A liberação é provisória ou definitiva? Segundo Levy-Bruhl a intervenção do *vindex* afasta definitivamente o devedor. O *vindex* assume o processo, um novo processo em que ele vai defender-se a si próprio, conforme sublinha Gaio (4.21): fornecia um *vindex* que costumava agir por conta própria (*vindicem dabat qui pro se causam agere solebat*). A intervenção do *vindex* forçava o magistrado a designar um *iudex*, cuja missão seria

---

[45] Idem, ibidem, p. 291 e ss.

[46] Enquanto o *vindex* na *in ius vocatio* tem apenas a missão de assegurar o comparecimento, o *vindex* na *manus iniectio* desempenha um papel ativo: abre-se um novo processo entre ele e o credor. Ver Levy, *op. cit.*, p. 293.

verificar o fundamento legal do crédito. Estamos aqui, de certa forma, em face do reexame de uma questão que já fora objeto de um processo e de uma sentença. "Em outros termos, estaríamos aqui na presença de uma espécie de recurso com esta particularidade, que o segundo processo não corre entre as mesmas pessoas do primeiro, mas é a mesma causa que constitui objeto de uma nova investigação."[47]

Caso o *vindex* fosse vencedor, estaria liberado de toda a obrigação. Se perdesse seria condenado em dobro sobre o valor do litígio. Esta penalidade visava evitar os abusos com a intervenção de um *vindex* que não pudesse alegar razões suficientes contra o crédito. Caberia ao *vindex*, condenado a pagar a dívida, uma ação regressiva contra seu amigo, o devedor? A deficiência das fontes só permite responder a essa indagação por meio de meras conjecturas.

Passemos, agora, a examinar a terceira hipótese: o devedor não paga nem apresenta *vindex*. Fazem-se sentir então os efeitos da *manus iniectio*. Como já vimos (Lei das XII Tábuas, T.,3), o credor leva consigo (*secum ducito*) o devedor insolvente e encerra-o em cárcere privado. Documentos

---

[47] Idem, ibidem, p. 294. O autor observa que não há um verdadeiro recurso porque o processo não se desenrola entre as mesmas pessoas. Não há, pois, violação da regra já citada: *Bis de eadem re ne sit actio* (não haja duas vezes ação sobre o mesmo objeto), contanto que se subentenda: *inter easdem personas* (entre as mesmas pessoas). Sublinhe-se também que não se apela aqui para uma jurisdição superior. "O processo do Ordo não comporta e não pode comportar senão um único grau de jurisdição."

de data posterior informam que o devedor era previamente atribuído (*addictus*) pelo pretor ao credor. Há dúvidas sobre se a formalidade da *addictio* era já praticada na época da lei decenviral.[48]

Os textos da Lei das XII Tábuas (T. III, 3), reproduzidos por Aulo Gélio, esclarecem-nos sobre o que acontecia com o devedor em poder do credor. Aquele ficava preso com cadeias não pesando mais de quinze libras.[49] Quanto à alimentação, o *addictus* podia viver às expensas do credor que lhe devia dar uma ou mais libras de farinha diariamente (*libras farris*) ou à própria custa (*si volet suo vivito*). O cárcere privado não era evidentemente definitivo: duraria por sessenta dias e neste prazo o devedor podia entrar em acordo com o credor ou encontrar um amigo ou parente que concordasse em pagar a dívida. Assim é que o credor devia levar seu prisioneiro por ocasião de três feiras sucessivas (*trinis nundinis continuis*) perante o tribunal do pretor no *comitium*, onde um público numeroso, frequentador da feira, podia tomar conhecimento da soma devida que era proclamada em altas vozes (*quantaeque pecuniae judicati essent*

---

[48] MONIER, *Manuel*, I, p. 147.

[49] GIFFARD, *Précis*, p. 107 e *Études*, p. 41. Sobre o peso das cadeias (maior ou menor de 15 libras), ver LEVY-BRUHL, *Recherches*, p. 296. Ver *Fontes iuris romani anteiustiniani, Leges – Riccobono,* p. 32 e também MONIER, *Manuel I*, p. 147. O vocábulo *nervus* significa nervo de boi. Pode também significar vínculo de ferro que prendia os pés (ver vários sentidos muito bem documentados no dicionário de Gaffiot, p. 1.026); *compes, compedis* (pl. *compedes*): grilbões.

praedicabatur).[50] Era possível então que alguém aparecesse para saldar o débito. Exaurido o prazo de sessenta dias, o devedor, segundo Aulo Gélio, era morto ou vendido no estrangeiro, além do Tibre (*trans Tiberim*), isto é, na Etrúria. O texto de Aulo Gélio (*Capite poenas dabant aut trans Tiberim peregre venum ibant*) constitui, segundo Levy-Bruhl, uma paráfrase de uma disposição da Lei das XII Tábuas. Logo adiante o mesmo Aulo Gélio reproduz o famoso texto: *Tertiis nundinis partis secanto, Si plus minusve secuerunt, se fraude esto* (XII Tábuas, III, 6). No terceiro dia de feira dividiam em pedaços. Se partirem mais ou menos (se a partilha não for exata) isto não terá importância (*se*, forma arcaica de *sine*, que significa sem, portanto, *sine fraude*, sem fraude).

Estamos aqui em face de um texto cuja tradução literal não oferece dificuldade, mas cuja interpretação constituiu já para os romanos um verdadeiro enigma.[51]

---

[50] Sobre o tempo em que se realizavam as três feiras sucessivas, Levy-Bruhl, *Recherches*, p. 298, observa que o vocábulo *nundinae* indica a realização de nove em nove dias. "Como harmonizar esta solução com a que deseja que o devedor permaneça sessenta dias (dois meses) na prisão de seu credor? A solução mais verossímil é a de que esse prazo de sessenta dias é um maximum." Ver, contudo, opiniões divergentes em Moreira Alves, "Tertiis Nundinis Partis Secanto", Tese de doutoramento 1958, p. 26 e ss.

[51] Sobre as diferentes interpretações dadas ao texto "Tertis nundinis partis secanto", ver estudo bem documentado na tese de doutoramento de José Carlos Moreira Alves, apresentada à "Egrégia Congregação da Faculdade Nacional de Direito" – janeiro de 1958.

A teoria mais difundida na Antiguidade consiste em tomar a palavra *secare* no seu sentido material e em ver no complemento desse verbo o corpo do devedor. Tratar-se-ia de uma divisão física da pessoa do devedor. Na terceira feira, mata-se o devedor e faz-se em pedaços seu cadáver. Mas o plural *secanto* implica a existência de diversos credores, cada um dos quais leva um pedaço do corpo. Esta interpretação de nossa regra era tradicional em Roma. Mas no comentário que faz deste texto, Aulo Gélio se espanta de semelhante crueldade, diz-nos que não tem conhecimento de que a regra tenha tido algum dia aplicação e conclui que havia aí talvez mais que uma medida positiva, uma ameaça destinada a intimidar os devedores recalcitrantes. Entretanto ele não parece emitir a menor dúvida sobre o significado dessa disposição.[52]

A manus iniectio após a Lei das XII Tábuas

As modificações ocorridas na *manus iniectio* após a Lei das XII Tábuas resumem-se, segundo Giffard, "na seguinte fórmula: os casos de aplicação da *Manus Iniectio* se multiplicam à medida que seus efeitos se abrandam".[53]

Entre os novos casos de aplicação da *manus iniectio*, Gaio (4.22-23) cita os previstos respectivamente pelas seguintes leis: *Publilia de sponsu* (séc. III ou II a.C.), *Furia de sponsu* (III ou II a.C.), *Furia testamentaria* (II a.C.) e a *Lex Marcia adversus faeneratores* (IV a.C.).

---

[52] Levy-Bruhl, *Recherches*, p. 299. Aulo Gélio, Noites Áticas 20.1.59: "*Dissectum esse antiquitus neminem neque equidem legi neque audivi*".
[53] Giffard, *Précis de Droit*, p. 108.

"Posteriormente, outras leis permitiram recorrer à *Manus Iniectio* em casos assimilados à execução de coisa julgada: assim a Lei *Publilia* contra aquele por conta de quem o fiador (*sponsor*) pagou, se ele não restituísse o dinheiro ao fiador nos seis meses subsequentes. Também a *Lex Furia de Sponsu* contra quem exigisse do fiador mais do que sua parte individual (na dívida); finalmente numerosas outras leis outorgaram tal ação em muitos casos. Mas outras leis instituíram, em certos casos, certas ações por *manus iniectio*, mas (*manus iniectio*) pura, isto é, não por causa de julgamento (em casos que não mais comportavam ficção de julgamento), como, por exemplo, a Lei Fúria Testamentária contra aquele que, a título de legado ou *mortis causa*, tomasse mais de mil asses, sem estar compreendido em exceção prevista na dita lei que permitisse recolher quantia mais elevada. Da mesma forma a Lei Márcia contra os mutuantes usurários, permitindo que se agisse contra eles pela *manus iniectio* para que restituíssem os juros." *(Postea quaedam leges ex aliis quibusdam causis pro iudicato manus iniectionem in quosdam dederunt: sicut lex Publilia in eum, pro quo sponsor dependisset, si in sex mensibus proximis, quam pro eo depensum esset, non solvisset sponsori pecuniam; item lex Furia de sponsu adversus eum, qui a sponsore plus quam virilem partem exegisset; et denique complures aliae leges in multis causis talem actionem dederunt. Sed aliae leges ex quibusdam causis constituerunt quasdam actiones per manus iniectionem, sed puram, id est non pro iudicato: veluti lex Furia testamentaria adversus eum qui legatorum nomine mortisve causa plus M assibus cepisset, cum ea lege non esset exceptus ut ei plus capere liceret; item lex Marcia adversus faeneratores ut si usuras exegissent, de his reddendis per manus iniectionem cum eis ageretur – Gaio, 4,22-23.)*

Deste texto de Gaio depreende-se a existência de dois grupos de *manus iniectiones: manus iniectiones pro iudicato e manus iniectiones purae (non pro iudicato)*. A expressão *pro iudicato* (em virtude de um julgamento ou como se tivesse havido um julgamento) indica uma ficção de julgamento que aproxima a nova *manus iniectio* daquela mais antiga em que a execução do crédito decorria de um julgamento. Levy Bruhl vê aqui um exemplo "da extrema prudência com que os romanos procediam em suas criações jurídicas".[54]

Duas são as hipóteses focalizadas por Gaio nas quais têm aplicação a *manus iniectio pro iudicato*. A primeira (*Lei Publilia de sponsu*) constitui um meio outorgado ao fiador (*sponsor*) que pagou (*dependere*) a dívida contra o devedor principal, para ressarcir-se da quantia despendida (*manus iniectio depensi*). A segunda (Lei *Furia de sponsu*) constitui uma proteção do fiador (*sponsor*), já não contra o devedor principal, mas contra o credor que exige mais do que lhe é devido. A *manus iniectio* aplicava-se contra o credor. Além dessas duas hipóteses, Gaio, como vimos no texto, informa-nos vagamente que existiam outros casos de *manus iniectio pro iudicato*: *denique complures aliae leges in multis causis talem actionen dederunt. As manus injectiones purae (id est, non pro iudicato)* não implicam ficção de julgamento: o autor não declara que age *pro iudicato*, mas precisa a razão em

[54] Levy-Bruhl, *Recherches*, p. 306.

virtude da qual age e acrescenta: *ob eam rem tibi manum iniicio*, por isto eu coloco a mão sobre ti (Gaio, 4.24). O réu pode afastar a mão (*manum sbi depellere*) e defender-se pessoalmente (*pro se lege agere*) sem intervenção de *vindex* (Gaio, 4.24). A Lei *Furia de legatis* (Fúria Testamentária) permitia o emprego da *manus iniectio pura* por parte dos herdeiros, conforme já vimos acima (Gaio, 4.23). Da mesma forma a Lei Márcia possibilitava a *manus iniectio pura* contra quem houvesse cobrado juros acima da taxa permitida (que nós ignoramos qual fosse, em virtude da incerteza da data da lei).

Nos inícios do século, segundo a Lei Vallia, generaliza o regime das *manus iniectiones purae*, permitindo em matéria de *manus iniectio* repelir a mão e defender-se pessoalmente (*Permissum est sibi manum depellere et pro se agere*, Gaio 4.25). A intervenção do *vindex* não mais era necessária. Havia, entretanto, duas exceções à dispensa do *vindex* nos casos já estudados de *manus iniectio iudicati* e de *manus iniectio depensi* (Gaio 4.25). E assim o devedor em virtude de sentença (*iudicatus*) e aquele em favor do qual foi paga a dívida, mesmo depois dessa lei, deviam apresentar um *vindex* (*Itaque iudicatus et is pro quo depensum est etiam post hanc legem vindicem dare debebant*).[55] A *manus iniectio*, com as exceções citadas, vai perdendo quase

[55] Arias Ramos (*Derecho Romano I*, p. 178) escreve sobre as exceções: "Después de uma lex Vallia, de hacia mediados del siglo I A. de J. C., todos los casos de *manus iniectio* lo fueron de *manus iniectio pura*, excepto el de *iudicatus*, el del *confessus* y el del deudor a quien su fiador la pide el reembolso de lo que ha pagado por él (*depensum*). Notar a data atribuída a Lei Vallia e a inclusão do *confessus*.

completamente o caráter executório face à possibilidade de o réu defender-se, o que faz a ação em tela parecer-se "com um ato introdutório de instância, a uma *in ius vocatio*, talvez um pouco mais brutal" (Levy-Bruhl, *Recherches*, p. 311).

A sorte do devedor sofreu um abrandamento através da História. Assim é que "o credor, no final da República, não mais podia matar ou vender como escravo o devedor que não tem *vindex* e não pode pagar. Pode levá-lo consigo e prendê-lo com cadeias e, em seguida, fazê-lo trabalhar em seu proveito até que a dívida fique extinta pelo trabalho. Tal é o direito em vigor na época da lei da colônia *Genetiva Julia* no ano 44 a.C.".[56]

Pignoris capio

Gaio (4.29) informa-nos a respeito da dúvida dos juristas romanos sobre se a *pignoris capio* era ou não uma ação da lei. Alguns (entre os quais o próprio Gaio) consideravam-na ação da lei porque o penhor se efetuava por meio de palavras solenes (*certa verba*), outros porém pensavam de modo diverso, porque se realizava *extra ius* (na ausência do pretor), às vezes na ausência do adversário, e finalmente podia exercer-se em dias nefastos (Gaio 4.29). A *pignoris capio* tem em comum com a *manus iniectio* o fato de consistir também num apossamento; diverge porém quanto ao objeto, pois se exerce não sobre a pessoa do devedor, mas sobre seus bens.

---

[56] Monier, *Manuel Élémentaire*, p. 149.

Gaio (4.26) esclarece-nos que a *pignoris capio* exercia-se em certos casos por força dos costumes e em outros por determinação legal (*agebatur de quibusdam rebus moribus, de quibusdam lege*). Ao que tudo indica, o emprego da *pignoris capio* limitava-se a circunstâncias particulares e excepcionais.[57]

Gaio (4.27) cita os seguintes casos em que se aplivaca a *pignoris capio*:

– O militar contra o responsável pelo pagamento do soldo se não o efetuasse (*nisi daret*).

– O soldado de cavalaria contra quem lhe recusasse a soma devida pela aquisição do cavalo (*aes equestre*) ou da forragem (*aes hordearium*).

– O vendedor de uma vítima para o sacrifício contra o comprador que não pagasse o preço (*qui hostiam emisset nec pretium redderet*).

– O locador de um animal de carga (*locatio iumenti*) contra o locatário que não pagasse o aluguel, desde que o preço deste se destinasse a sacrifícios religiosos. Compreende-se que "em razão da importância atribuída antigamente às coisas do culto, o credor dispusesse de uma via de execução privilegiada".[58]

– Os publicanos contra os contribuintes negligentes ou recalcitrantes (*adversus eos qui aliqua lege vectigalia deberent*).

---

[57] Levy-Bruhl, *Recherches*, p. 315.

[58] Levy-Bruhl, *Recherches*, p. 317.

A *pignoris capio* "era essencialmente um meio de pressão sobre o devedor e, sob este respeito, não se diferencia da *manus iniectio*".[59] Como já sublinhamos, esta pressão não recai diretamente sobre a pessoa, mas sobre os bens do devedor. Inicialmente, o objeto da apreensão deveria ser um bem móvel considerado de valor apreciável (por exemplo: semoventes como uma ou várias cabeças de gado). Qual o destino dos bens apreendidos? Arias Ramos anota que não sabemos o que o credor podia fazer com eles.[60] Segundo Monier podia somente conservá-los até que o devedor os liberasse pelo pagamento da dívida.[61] Levy-Bruhl chama a atenção para o fato de que muitas vezes a *pignoris capio* dava origem "a uma ação na justiça pois o devedor contestava a validade da penhora".[62]

---

[59] Levy-Bruhl, *Recherches*, p. 317.
[60] Arias Ramos, *Derecho I*, p. 179.
[61] Monier, *Manuel Élémentaire*, I, p. 150.
[62] Levy-Bruhl, *Recherches*, p. 319.

6. Processo Formular

Introdução

Segundo Gaio (4.30), a razão principal da supressão das ações da lei reside na excessiva sutileza dos antigos juristas romanos: *ex nimia subtilitate veterum qui tunc iura condiderunt* (em virtude da demasiada sutileza dos antigos que então criaram os direitos). Graças a essa sutileza, ainda segundo Gaio, "a coisa chegou a tal ponto que quem cometesse o menor erro perderia a demanda (*eo res perducta est ut vel qui minimum errasset litem perderet*). O vocábulo *subtilitas*, no texto de Gaio, significa não um refinamento jurídico exagerado, mas sim uma "minúcia excessiva na observância dos ritos, um apego por demais estrito à forma, às expensas do fundo".[1] O texto de Gaio parece sugerir que o formalismo se acentuou com o decurso do tempo (*paulatim*), o que constitui "um desses erros históricos assaz frequentes em Gaio, a quem escapa o espírito das instituições arcaicas".[2] Na realidade, o formalismo é mais rigoroso quanto mais antigo; não se acentuou, mas se tornou cada vez menos

[1] Idem, ibidem, p. 323.
[2] Idem, ibidem, p. 324.

inteligível (o formalismo processual estava primitivamente vinculado ao ritualismo religioso) com a secularização do direito que dava prevalência ao fundo sobre a forma.[3]

Compreende-se, assim, a decadência das Ações da Lei e sua substituição por um sistema processual novo: o processo formular. Segundo Gaio (4.30), esta substituição se fez por medidas legislativas: a Lei Ebúcia e as Leis Júlias (*per legem Aebutiam et duas Julias sublatae sunt istae legis actiones*). Note-se que as Ações da Lei não foram completamente abolidas, pois, como ainda nos informa Gaio (4.31), eram aplicadas em caso de *damnum infectum* (iminente ou eventual), como o provável desabamento de um prédio sobre o prédio vizinho, ou nos processos que se desenvolvem no tribunal dos centúnviros.[4]

---

[3] Idem, ibidem.

[4] No caso de *damnum infectum* que *Actio Legis* caberia? Só podemos aqui fazer conjecturas. Lery-Bruhl aventa a hipótese de que seria *Pignoris Capio*: o proprietário ameaçado de um desastre iminente seria levado a tomar medidas imediatas que impressionassem seu vizinho. O mesmo autor lembra que no manuscrito de Verona (Gaio) a passagem relativa ao *damnum infectum* era seguida das palavras *per pignoris*, seguidas por sua vez de uma lacuna. Quanto aos centúnviros anota Levy (*op. cit.*, p. 326) que, em virtude do prestígio de que gozava este tribunal, foram mantidas as formas em desuso mas veneráveis do *sacramentum,* "entendendo-se que esta manutenção era de pura forma e que os debates, como a sentença, obedeceriam aos princípios de um processo moderno". Monier (*Manuel élémentaire*, I, p. 157) anota que não se deve esquecer "que em matéria de jurisdição graciosa a *legis actio* continuou a ser utilizada durante todo o Alto Império". Monier faz referência a Gaio, 2.24 em que se descreve a *in iure cessio*. O magistrado adjudica a coisa sem designar um *iudex*. "O que se chama ação da lei – *Idque legis actio vocatur*."

"Nos processos perante os centúviros age-se segundo a ação preliminar da lei por *sacramentum*, perante o pretor urbano ou peregrino." (*Tantum ex duabus causis permissum est, id est legis actionem facere, lege agere: damni infecti, et si centumvirale iudicium futurum est. Sane quidem cum ad entumviros itur, ante lege agitur sacramento apud praetorem urbanum vel peregrinum* – Gaio 4.31.)

Como teria sido introduzido o processo formular? Ao que parece a fórmula não era estranha ao processo civil romano, na época anterior à Lei Ebúcia. Há fortes razões, segundo Levy-Bruhl, para "supor-se que a fórmula era empregada, havia muito, em litígios nos quais intervinham estrangeiros, sem dúvida mesmo quando os litigantes eram cidadãos romanos".[5]

Com base em seu *imperium* o pretor criara instâncias (*iudicia imperio continentia*) fora das normas da *Legis Actio*, em época anterior à Lei Ebúcia. Qual, então, teria sido o papel desta Lei? Segundo vários romanistas, esse diploma legal teria feito apenas uma reforma modesta e parcial limitando-se a introduzir a fórmula na *condictio*.[6] Esta Ação da Lei, com efeito, é a única que, conforme se constata dos textos do final da República, não mais está em uso na época a não ser, e com frequência, por meio de uma fórmula. Explica-se esta reforma pelo fato da frequência com que era usada a *condictio* aplicável às dívidas em dinheiro, "fontes frequentes de conflito entre ele-

[5] Levy-Bruhl, *Recherches*, p. 332.
[6] Idem, ibidem, p. 334.

mentos da população".[7] Compreende-se, assim, a preocupação do legislador em simplificar o ritual de um processo tão ligado à vida cotidiana dos cidadãos.[8]

A multiplicação dos negócios como consequência das transformações socioeconômicas, trazidas pela expansão romana, iria influir decisivamente na simplificação do formalismo excessivo e incentivar o emprego do novo sistema processual. Cerca de 17 a.C. Augusto promulgou duas leis judiciárias, a *Lex Iulia iudiciorum publicorum* e a *Lex Iulia iudiciorum priva-*

---

[7] Idem, ibidem.

[8] Note-se a diferença entre *iudicium imperio continens* (plural: *iudicia imperio continentia*) e o *iudicium legitimun* (plural: *iudicia legitima*). Aquele se baseia na autoridade do magistrado e cessa (*mors litis, expiratio litis*) quando se extingue o mandato do magistrado. Esta se baseia na lei. Em ambas as expressões *iudicium* designa a fórmula de ação utilizada na hipótese ocorrida. O primeiro *iudicium legitimum* por via de fórmula foi criado pela Lei Ebúcia quando instituiu a fórmula para reclamar as dívidas em dinheiro. As outras fórmulas então empregadas repousam sobre o *imperium* do magistrado. Quando todas as ações da Lei reais e pessoais foram introduzidas no sistema formular, decidiu-se que o *iudicium legitimum* seria caracterizado pelo preenchimento das seguintes condições, segundo Gaio (4. 104): "São legítimas as propostas na cidade de Roma ou na área de uma milha em torno da cidade, entre cidadãos romanos e perante juiz singular" (*Legitima sunt iudicia quae in urbe Roma vel intra primum urbis Romae miliarium inter omnes cives romanos sub uno iudice accipiuntur.* Gaio (4.105) ainda esclarece sobre *imperio continentia*: Estão contidas no *imperium* do magistrado as instâncias julgadas por *recuperatores* e as instauradas perante juiz singular, mas nas quais intervém um peregrino como juiz ou como litigante. Pertencem à mesma categoria as instâncias instauradas além de uma milha da cidade de Roma, quer as partes sejam cidadãos romanos, quer peregrinos (*imperio vero cotinentur recuperatoria et quae sub uno iudice accipiuntur interveniente peregrini persona iudicis aut litigatoris: In cadem causa sunt, quaecumque extra primum urbis Romae miliarium tam inter cives romanos quam inter peregrinos accipiuntur*).

torum.[9] Foi a última que introduziu a fórmula obrigatoriamente (salvo nos casos já mencionados) e aboliu todas as ações da Lei salvo a *condictio* já supressa pela Lei Ebúcia.[10]

Características

Um rápido estudo do processo formular permite-nos estabelecer, entre outras, as seguintes características:

– **Etapa de transição** – O novo sistema processual aparece na História da evolução do processo romano como uma longa

---

[9] Ver estudo minucioso sobre as leis judiciárias de Augusto em BISCARDI, *Lezioni seu processo romano*, p. 177 e ss.

[10] Expusemos aqui a teoria desenvolvida por LEVY-BRUHL (*op. cit.*, p. 323 e ss.). Note-se, contudo, que a maioria dos romanistas ensinava que a Lei Ebúcia havia introduzido o processo formular, mas que teria deixado aos litigantes (especialmente ao autor) o direito de escolher entre o novo sistema e o sistema das Ações da Lei. Levy (p. 332) se opõe a essa teoria e alega que ainda na época de Cícero era usado correntemente o ritual das Ações da Lei, o que não se compreenderia se os romanos pudessem optar por um meio mais moderno e seguro. Segundo Arangio-Ruiz (*Las Acciones*, p. 57), a Lei *Aebutia* autorizava ao magistrado dispor de fórmulas adaptáveis a todos os litígios possíveis e deixava às partes liberdade de escolha entre o antigo e o novo sistema. Quando este novo sistema permitia proteger relações que o antigo deixava sem proteção, o pretor nada mais podia fazer senão impor aos recalcitrantes a aceitação do processo com a fórmula. As obras de Cícero (tratados políticos, discursos, etc.) provam, segundo Arangio Ruiz (p. 57) "que na prática as ações da lei haviam sido quase totalmente abandonadas". Uma Lei Júlia aboliu o direito de opção e impôs a todos a obrigação de recorrer ao processo formular. Salvo as exceções previstas, Villers (*Rome et le Droit privé*, p. 144) defende a tese do regime opcional organizado pela Lei *Aebutia*, com exceção talvez da *condictio*, em que a fórmula era obrigatória.

fase de transição entre a justiça arcaica, em que a participação das partes ocupava o primeiro plano, e a justiça estatal que vai triunfar no Baixo Império.[11]

– **Intervenção pública** – O processo formular, observa Gaudemet, caracteriza-se "por um nítido progresso de intervenção pública no regulamento dos litígios".[12]

– **Apego à tradição** – O processo formular ainda se encontra profundamente vinculado ao passado processual. Villers acentua que foi o prolongamento e não a antítese do antigo processo das Ações da Lei. Com efeito, há vários traços comuns ao processo formular e às Ações da Lei:[13] a) ambos estão submetidos às determinadas regras do *ordo* concernentes, por exemplo, ao tempo e ao local das audiências. Em ambos há a fase *in iure* e *apud* iudicem; b) em ambos as partes continuam desempenhando papel relevante; c) em ambos, a citação do réu cabe ao autor que, se vencedor, assegura a execução da sentença; d) certo formalismo ainda subsiste no fato de encontrar-se o *iudex*, mais ou menos rigidamente conforme o caso, preso à fórmula.

– **A Fórmula** – Estamos aqui em face do traço essencial do processo formular, que é o processo *per formulas*. Em vez das palavras solenes (*verba solemnia*) empregadas na *Legis Actio,* surgem as fórmulas escritas. Os processos passaram a realizar-se, no dizer

---

[11] GAUDEMET, *Le Droit Privé romain*, p. 177.

[12] Idem, ibidem.

[13] VILLERS, *Rome et le Droit privé*, p. 141. Ver também MONIER, *Manuel Élémentaire*, I, p. 157.

de Gaio (4.30), por palavras determinadas, isto é, por fórmulas (*per concepta verba, id est, per formulas*). A fórmula escrita vai servir de base para os debates *apud iudicem*, e o juiz vai condenar ou absolver dentro dos limites estabelecidos pela fórmula.

– **Liberdade de ação do magistrado** – Von Ihering, a propósito do processo formular, sublinha: "No processo antigo, o Pretor tinha, por assim dizer, as mãos atadas e era como a roda de uma máquina: dependia do processo e se deixava governar por ele. Em primeiro lugar, o processo formular davalhe essa liberdade de movimento, que era a condição essencial de sua ação organizadora sobre o direito. A jurisprudência e o direito consuetudinário, constantemente paralisados até então pelas regras do antigo processo, começaram uma nova vida".[14] Detinha o magistrado a faculdade ampla de *dare* ou *denegare actionem* (dar ou negar ação)? Em algumas hipóteses o pretor

[14] Von Ihering, *O Espírito do Direito Romano*, III, p. 233. Ver, também, Monier, *Manuel*, I, p. 161: "D'après les études récentes de M.M. Wlassak et Wenger, le magistrat, en règle générale, ne joue pas um rôle aussi important que celui que lui attribuait la doctrine traditionelle car ce n'est pas lui qui redige pernonnellément, dans chaque eas particulier, la formule que fixera la mission du juge. Cette rédaction sera l'oeuvre du demandeur, ou, plus exactement, du jurisconsulte que l'assistera, et de son coté, le défendeur pourra demander l'insertion à son profit d'une exception dans cette formule. D'ailleurs, sauf au cas où il demande la concession d'une action *in factum* pour sanctionner une situation qui n'est pas prèvue par l'édit, le demandeur recopiera la formule-type proposée par l'édit du préteur, en se bornant à remplir les blancs, et à remplacer par les noms des plaideurs, les noms imaginaires (Aulus, Agerius, Numerius, Negidius) des modèles de formules. Em fait, le rôle du préteur consisterat à autoriser l'instance, conformément à la formule qui lui est soumise (*dare iudicium*) mais il ne faut cependant pas oublier que, théoriquement, e'est lui qui en est l'auteur".

proclamava em seu edito que concederia ou não a fórmula somente após o exame pessoal dos fatos: *causa cognita*. Depreende-se daí que se não existisse esta restrição no edito, o magistrado deveria outorgar a ação cuja fórmula figurasse em seu edito, caso contrário estaria sujeito à *intercessio* de outro magistrado seu colega ou à intervenção do tribuno da plebe pedida pelo *autor plebeu*. Evidentemente seria possível a *denegatio* se o autor não preenchesse as condições exigidas para intentar a ação ou se esta carecesse evidentemente de fundamento.[15]

– **Multiplicidade de ações** – Enquanto as ações da lei fundamentavam-se, em princípio, quer na Lei decenviral, quer em leis posteriores, o processo formular não resulta sempre de uma lei, pois existem ações novas que encontram seu fundamento na *iurisdictio* do magistrado, as ações pretorianas ou honorárias (Giffard, *Études*, p. 61).

– **Condenação pecuniária** – Gaio (IV 48) informa-nos que a condenação, em todas as fórmulas que a contêm, é concebida sob a forma de avaliação em dinheiro (*Omnium autem formularum, quae condemnationem habent, ad pecuniariam aestimationem condemnatio concepta est*). Nas *Legis Actiones* o réu podia ser condenado ao pagamento de uma quantia, à restituição da coisa ou à prestação de um ato.

---

[15] Sobre a *denegatio actionis* consultar, Villers, *op. cit.*, p. 150, Monier, *op. cit.* I, p. 162.

Fórmula[16]

Passemos, agora, a examinar o contexto da *formula*. Nossa fonte mais importante é a exposição de Gaio (IV, 39 ss.), que enumera as seguintes partes: *demonstratio, intentio, adiudicatio, condemnatio* (*Partes autem formularum hae sunt: demonstratio, intentio, adiudicatio, condemnatio*). Esta enumeração, anota Scialoja (*Procedimento Civil Romano*, p. 159), não é completa, mas contém o que constitui o "elemento positivo da fórmula".

– *Institutio iudicis* – A designação do juiz ou dos juízes encabeçava toda a fórmula e fazia-se em termos simples e im-

[16] Note-se o duplo sentido do vocábulo *formula*: *Formula* (ou forma) é a fórmula da ação tal qual figura no Edito do pretor. É, neste caso, um esquema, um modelo proposto aos interessados que o completarão. Temos aqui a *Formula* do Edito. Noutro sentido *formula* (*iudicium*) significa o escrito redigido pelo pretor num processo determinado e contendo o nome do juiz etc. Temos aqui a *formula* não como esquema abstrato, mas como algo concreto, é a *formula* do *processo,* cujo nome técnico é *iudicium.* Este último vocábulo é, na realidade, o vocábulo técnico mais antigo usado para designar *formula concreta* (Ver Giffard, *Études*, p. 65). Arangio-Ruiz (*Las Acciones*, p. 54), assim explica os dois sentidos de *formula*: "La formula es, essencialmente, un pequeño documento redactado ante el magistrado com la colaboración de las partes y el propio magistrado, con la finalidad de concretar las pretensiones de aquellas en un litígio y fijar la misión del juez que va a decidir sus diferencias. Es, también, um texto preparado con anterioridade por el magistrado y publicado en su edicto con la finalidad de señalar, partiendo de una hipótesis arbitrariamente elegida, todo lo que será esencial en las fórmulas concernientes a una cierta categoria de litigios, y, al propio tiempo, servir como modelo profundamente inalterable con ocasión de los procesos que van a presentarse ante su jurisdicción durante la anualidad de su cargo".

perativos: Que Caio seja juiz ou que Caio e Semprônio sejam *recuperatores* (*Caius judex esto* ou *Caius Sempronius recuperatores sunto*).

– *Demonstratio* – É a parte que, segundo Gaio, é posta no início da fórmula (*principio inseritur*) para expor fundamento jurídico da pretensão do autor (*res de qua agitur*), o antecedente do qual deriva o direito alegado. Gaio (IV, 40) registra o seguinte exemplo de *demonstratio*: Tendo Aulo Agério vendido um escravo a Numério Negídio (*Quod A, Agerius N. Negidio hominem vendidit...*).[17] Sublinhe-se que os fatos expostos de modo tão positivo na *Demonstratio* ainda estarão sujeitos a indagações por parte do *iudex*.

Note-se que a *demonstratio* não existe em todas as ações; encontra-se nas ações cuja *intentio* é *incerta*, especialmente nas ações de boa-fé e nas ações nascidas da estipulação incerta (*actio ex stipulatu*) (Giffard, *Précis*, p. 138).

– *Intentio* – É elemento essencial da fórmula; nela se encontra a pretensão (*desiderium*) do autor. Eis um exemplo de *intentio* registrado por Gaio (4.41): se ficar provado que N. Negídio deva dar dez mil sestércios a Aulo Agério (*Si paret N. Negidium A. Agerio sestertium X milia dare oportere*). A *intentio* é certa quando a demanda fixa um objeto determinado ou uma

[17] Nos formulários romanos, o autor é designado com o nome de *Aulus Agerius* (o que *agit*, o que atua) e o réu com o nome de *Numerus Negidius* (o que *negat*, que se opõe).

quantia líquida. É incerta quando tem por objeto um *incertum*, algo indeterminado (*quidquid...*).

Em alguns casos a fórmula estava reduzida simplesmente à *intentio*. O autor pretendia então que se declarasse a certeza de uma situação jurídica. Por exemplo, se determinada pessoa é ou não ingênua (*An Aulus Agerius ingenuus sit*). Tal declaração constituiria o fundamento para um processo posterior, o que explica as denominações *praeiudicia* ou *actiones praeiudiciales*. De acordo com a *intentio* pode-se estabelecer várias classificações de ações, tais como ações civis e pretorianas, reais e pessoais etc. "Ao multiplicar os tipos de *intentiones*, o magistrado protegeu situações novas, contribuindo assim para o desenvolvimento do direito romano."[18]

– *Condemnatio* – Giffard (*Études*, p. 70) observa que não é necessário traduzir *condemnatio* por condenação. Com efeito, *condemnatio* é a parte da fórmula através da qual o juiz recebe o poder de condenar ou absolver o réu, de acordo com as alegações apresentadas na *demonstratio* e na *intentio*. Note-se que a *condemnatio* é redigida de tal forma que o juiz só pode condenar ou absolver o réu. A condenação do autor só será possível mediante nova ação proposta pelo réu absolvido. Como já foi observado antes, é um princípio característico do processo formular que a condenação seja pecuniária (Gaio, IV, 48: a condenação, em todas as fórmulas que a contém, é concebida sob forma de avaliação em dinheiro).

---

[18] Gaudemet, *Le droit privé romain*, p. 181-182.

Este princípio aplica-se mesmo quando o autor reivindica uma coisa sua que se encontra indevidamente na posse do réu. *Omnium autem formularum, quae condemnationem habent, ad pecuniariam aestimationem condemnatio concepta est* (Gaio, IV, 48). Assim, se pedirmos qualquer coisa corpórea como um fundo, escravo, roupa, ouro, prata, o juiz não condena o réu à prestação da própria coisa, objeto do litígio, como era costume fazer-se antigamente, mas o condena ao equivalente em dinheiro, depois de avaliada a coisa (*Itaque et si corpus aliquod petamus, veluti fundum hominem vestem aurum argentum, iudex non ipsam rem condemnat eum, cum quo actum est, sicut olim fieri solebat, sed aestimata re pecumiam eum condemnat*).

Para evitar os inconvenientes dessa condenação (o autor desejava, muitas vezes, não uma quantia em dinheiro, mas sim a restituição da coisa em litígio, como, por exemplo, em escravo, em imóvel etc.), o magistrado podia inserir na fórmula a chamada *clausula arbitraria*, segundo a qual o juiz só condenaria o réu a pagar a quantia se este não houvesse antes atendido ao pedido do autor ou a ordem do juiz (antes da sentença: *ante rem iudicatam*), restituindo-lhe a coisa, objeto de litígio (*Nisi ea res restituetur ou nisi ea res arbitratu tuo restituat, N.R.*). Sublinhe-se que a ordem do juiz não tinha, aqui, eficácia executiva. Acrescente-se que, não raro, interessava mais ao réu a devolução do objeto que o pagamento de vultosa soma em dinheiro arbitrada pelo juiz. "As ações em que se encontram essas palavras N. R. (*nisi restituetur*) que constituem a *clausula arbitraria* são chamadas ações arbitrárias."[19] Eis um exemplo (Gaio, IV, 50) de condenação ao pagamento de quantia certa: "juiz, condena N. Negídio em dez mil sestércios a favor de A. Agério. Se não ficar provado, absolve" (*iudex, N. Negidium A. Agerio sestertium x milia condemna: si non paret, absolve*).

– *Adiudicatio* – Temos aqui a parte da fórmula que dá ao juiz o poder de adjudicar a algum dos litigantes a coisa ou uma porção correspondente da coisa em litígio, fazendo cessar assim a indivisão ou a divergência sobre limites. Assim é que a *adiudicatio* só se encontra na fórmula das ações divisórias: ação de divisão da coisa comum (*communi dividundo*), ação de demarcação de limites (*finium regundorum*)

[19] A doutrina sobre as ações arbitrárias encontra dificuldades em face de certos textos. Ver, por exemplo, Arias Ramos, *op. cit.* (p. 187, nota 201): "La función indicada, que la cláusula arbitraria estaba destinada a llenar, aparece claramente en cualquier acción real: 'si quieres evitarte la condena pecuniaria', venia a decírsele al vencido en el pleito, 'restituye la cosa'. Sin embargo, con los textos enfrente, la doctrina de las acciones arbitrarias no se nos ofrece con esa nitida sencillez: 1º porque no se hace en ellos la afirmación general de que todas las acciones reales llevan la cláusula arbitraria – incluso falta en la enunciación que hace Justiniano em I. 4.6.31 la más típica de todas, la *reivindicatio*. 2º porque se presentam como arbitrárias una serie de acciones personales". Villers (*Rome et le droit privé*, p. 149) assim descreve "o uso que a prática inventou de inserir na *condemnatio* uma cláusula derrogatória, isto é, a *clausula arbitraria*. O pretor, principalmente na *condemnatio* das ações reais, sugeria ao litigante evitar a condenação pecuniária restituindo o objeto a convite do juiz (*nisi arbitrio tuo restituat*). Nada obrigava, em direito, o réu a obedecer a tal sugestão. Mas para induzi-lo, o juiz deixa o autor fixar, sob fé de juramento, o valor da coisa (*iusiurandum in litem*): é evidente que esse autor terá tendência a aumentar sua avaliação, o que indiretamente conduzirá o réu a executar. Sobre as *actiones arbitrarirae* ver também Costa, Emilio, *Profilo storico*, p. 57 e p. 58, nota 1.

e ação de partilha da herança (*familiae erciscundae*). Gaio (4.42) dá-nos o teor da *adiudicatio*: "juiz, adjudicai a Ticio quanto lhe deva ser adjudicado" (*Quantum adiucari oportet, iudex Titio adiudicato*).

As partes da fórmula estudadas até aqui são consideradas as principais, embora nem todas apareçam necessariamente em cada fórmula. Assim, por exemplo, a *adiudicatio*, como já vimos, só se encontra nas ações divisórias. Já a *intentio* existe em todas as fórmulas. Ao lado das *partes principais* existem as acessórias, que são inseridas na fórmula a pedido das partes: são as *adjectiones*. Há vários tipos de *adjectiones*: *praescriptiones*, *exceptiones*, *replicationes*, *duplicationes* etc. Estudemo-las sucintamente.

Praescriptio, como o nome indica (*prae-scribere*), é redigida no início da fórmula. Serve para determinar e, em geral, para limitar o conteúdo da fórmula. Pode ser inserida no interesse do autor (*praescriptio pro actore*) ou no interesse do réu (*praescriptio pro reo*).[20]

Gaio (4.131) dá-nos um exemplo da primeira: "Acontece muitas vezes que uma parte da mesma obrigação deve ser prestada logo e a outra constitui objeto de prestação futura: assim, no caso de havermos estipulado certa soma de dinheiro pagável em prestações anuais ou mensais, pois, ao fim de cada ano

[20] Na época clássica o vocábulo *reus* designa o réu. Na época das XII Tábuas *reus* pode designar qualquer um dos litigantes.

ou mês, desse prazo, deve ser prestada a soma correspondente, mas relativamente aos anos vindouros, existe sem dúvida uma obrigação, mas nenhuma prestação é ainda exigível. Por conseguinte, se quisermos reclamar e deduzir em juízo as prestações devidas deixando porém inteiras as prestações futuras, devemos agir mediante esta prescrição: Que a ação seja limitada à prestação vencida (*Ea res agatur, cuius rei dies fuit*)".

Note-se que "uma vez deduzida em juízo a obrigação inteira e somente pagas as cotas vencidas, o autor teria perdido totalmente as cotas ainda não vencidas" (Scialoja, *op. cit.*, p. 164). Gaio 4. 131 adverte: "Quanto à parte deduzida em juízo, antes do prazo convencionado na obrigação, não poderemos conseguir a condenação, nem nos é permitido renovar a demanda a respeito dela" (*et quae ante tempus obligationis finitum in iudicium deducitur, ex ea condemnatio fieri non potest neque iterum de ea agi potest*).

Quanto às *praescriptiones pro reo*, Gaio anota que estavam anteriormente em uso, porém que já não existiam em seu tempo, ao menos com esta forma, pois se haviam transformado em *exceptiones*. Gaio, entretanto, cita o exemplo da *praescriptio si hereditati praeiudicium non fiat* (prescrição se não se prejulgue a herança). "Se alguém, que pretendia ser herdeiro, punha-se a reivindicar uma *singula res* da herança, de quem possuía toda esta *pro herede*, devia naturalmente demonstrar que era herdeiro a fim de provar seu direito de propriedade sobre aquela coisa. Podia, porém, ocorrer que o autor se valesse de sua qualidade de herdeiro, declarada neste juízo especial, para intentar a *heredita-*

tis petitio, isto é, a reivindicação de toda a herança possuída pelo réu. Para evitar que esta ação de reivindicação de uma *singula res* prejudicasse o réu na *petitio hereditatis*, concedia-se ao autor a fórmula para o juízo especial com esta *praescriptio* a favor do réu: *Ea res agatur, si in ea re praeiudicium hereditati non fiat* (que se proponha a ação somente se ela não pré-julgar a herança – Sicialoja, *op. cit.*, p. 165).

A *exceptio* surgiu no processo formular: não existia no sistema das ações da lei, segundo informa Gaio (4.108): "naquele tempo não se usavam, como hoje, as exceções" (*nec omnino ita ut nunc usus erat illis temporibus exceptionum*). Concedidas somente ao réu (Gaio, 4.116), este, sem negar o direito do autor, defende-se indiretamente por meio da *exceptio* invocando uma circunstância que elimina a eficácia do fundamento da demanda. Assim, por exemplo, o devedor reconhece a dívida, mas alega que o credor reclama mais que o devido. Temos aqui a *exceptio doli.* Gaio (4.119) dá-nos o seguinte exemplo de como é redigida a *exceptio doli*: "a exceção será assim expressa: Se se provar que, neste caso, não houve e nem há dolo mau por parte de A. Agério" *(sic exceptio concipitur: si in ea re nihil dolo malo A. Agerii factum sit neque fiat)*. Note-se que a *exceptio* difere dos meios de defesa *ipso iure*, que consistem em negar a demanda, dizendo-se, por exemplo, que já pagou.

Há diversas espécies de *exceptiones.* Assim, por exemplo, as *exceptiones peremptoriae ou perpetuae* (que podiam ser opostas em qualquer tempo, como a *exceptio doli*) e as *exceptiones dilatoriae ou temporales* (que podiam ser opostas só durante certo tempo, como a *exceptio* derivada de um *pactum*, segundo o qual o pagamento da dívida não seria exigido dentro de um determinado prazo, *intra certum tempus*).

O autor podia responder à *exceptio* aposta pelo réu, através da *replicatio* (esta era, portanto, uma *exceptio* em favor do autor). Como anota Ulpiano (D. 44.1.2.1): *replicationes nihil aliud sunt quam exceptiones et a parte auctoris veniunt*. Acontece, às vezes, observa Gaio (4,127) "que uma réplica, justa à primeira vista (*quae prima facie justa sit*), prejudique iniquamente o réu". Este terá direito então a uma *duplicatio*. E se a *duplicatio*, à primeira vista justa, prejudicar iniquamente o autor, este disporá de uma *triplicatio*.

7. A Marcha da Instância

Depois do rápido estudo sobre a estrutura da fórmula passemos a uma síntese da marcha da instância focalizando as duas fases tradicionais (*in iure e apud iudicem*), as vias de recurso e a execução da sentença.

In ius vocatio

Em princípio o autor pode ainda usar da força para levar perante o magistrado o réu recalcitrante. Na prática, porém, o autor usava de meios jurídicos para obter o mesmo fim. O réu podia, mediante promessa verbal (*stipulatio*), comprometer-se a comparecer perante o magistrado em dia determinado. Este acordo entre autor e réu chamava-se *vadimonium*. Era possível também a intervenção de um *vindex*, um terceiro que assegurasse o comparecimento do réu em data certa. A recusa do réu a comparecer ou a fornecer um *vindex* era considerada um delito punível com uma multa por meio de uma *actio in factum* (Gaio, IV, 46). Veremos, mais adiante, em que consiste esta categoria de ações. O magistrado imitia o autor na posse dos bens do réu, caso este se ocultasse. A persistência da recusa em comparecer podia acarretar a venda desses bens.

O autor dava ciência extrajudicialmente ao réu sobre a fórmula de ação que pretendia intentar contra ele: é a *editio actionis*.

Instancia in iure

As partes comparecem perante o magistrado e manifestam suas razões sem formalidades, quer na linguagem, quer nos gestos. O autor (*actor*) expõe oralmente o objeto da demanda (*postulatio*) e, ao mesmo tempo, através de uma nova *editio actionis* cientifica o magistrado e o réu (*reus*) da fórmula da ação que deseja obter. O magistrado, antes de fazer uso de seu poder de conceder ou negar a ação (*dare et denegare actionem*), pode dirigir-se ao réu e pedir os esclarecimentos que julgar necessários para o andamento do litígio (*interrogationes in iure*). Observe-se que em certas ações, como, v.g., a *actio certae pecuniae* (ação de quantia certa de dinheiro), podia ocorrer o *iusiurandun in iure delatum* (também chamado *necessarium*) que sustava o andamento do pleito e tinha o mesmo efeito decisório da sentença. O autor solicitava do réu que jurasse se devia ou não o que lhe era exigido. O réu podia jurar que não devia ou, então, deferir o juramento ao autor; podia, ainda, não jurar nem deferir. Na primeira hipótese encerrava-se o processo; na segunda hipótese o autor podia jurar que era credor e, então, executar o réu; se porém, o autor recusasse jurar ou jurasse que não era credor (hipótese improvável) findaria o processo. Na última hipótese (o réu não jura nem defere o juramento ao autor) o réu é considerado *indefensus*, isto é, aquele que não se defende devidamente.[1]

Se o andamento normal da instância não tivesse sido alterado pela exigência do *iusiurandum in iure*, conforme estudamos acima, o réu dispunha de várias opções em face da demanda:[2]

– Atender imediatamente às pretensões do autor, encerrando assim a demanda.

– Confessar a legitimidade da demanda (*confessio in iure*), sem, contudo, atender desde logo à pretensão do autor. Se a *confessio* versa sobre dívida de uma quantia certa (*actio certae creditae pecuniae*, o réu seria considerado como julgado (*confessus pro iudicato est*) e, se não satisfizesse o débito no prazo determinado, o magistrado autorizaria ao credor a execução sobre a pessoa do devedor (*duci iubet*). Se a *confessio* versasse sobre uma quantia incerta ou sobre outra coisa que não dinheiro (*incertum* ou *certa res*), o *confessus* não é *pro iudicato*: "a instância, segundo tudo indica, deveria prosseguir para que se apurasse *apud iudicem* o valor da condenação".[3]

---

[1] Sobre o *iusiurandum in iure,* ver estudo completo em SCIALOJA, *Procedimiento*, p. 220 e ss. Ver também MOREIRA ALVES, *Direito Romano*, I, p. 267, GAUDEMET, *Le Droit Privé Romain*, p. 185-186, MONIER, *Manuel*, I, p. 161. WENGER, *Istituzioni*, p. 116. Sobre a diferença entre juramento necessário e juramento voluntário, ver SCIALOJA, *op. cit.*, p. 221.

[2] MONIER, *Manuel Élémentaire*, I, p. 159. Ver também excelente síntese em MOREIRA ALVES, *Direito Romano*, I, p. 265 ss.

[3] MOREIRA ALVES, *Direito Romano*, I, p. 267.

Nada responder (*tacere*) à demanda ou não se defender convenientemente (*Non defendere uti oportet*) caracteriza a *indefensio*. Que acontece ao réu *indefensus*? Tratando-se de crédito de quantia certa, pairava a ameaça da execução sobre a pessoa ou sobre os bens decorrido o prazo de trinta dias; se se tratasse de dívida de outra natureza (por exemplo, quantia incerta), o autor seria imitido na posse dos bens do réu com a possibilidade de venda desses bens para pagamento do débito; se se tratasse de reivindicação de coisa (ação real), "o magistrado se limitaria a imitir o autor na posse da coisa em litígio".[4]

– Contestar a demanda (*Infitiatio*). O réu se defende quer negando diretamente a pretensão do autor, quer usando dos novos meios de defesa, pedindo, por exemplo, a inserção de uma *exceptio* na fórmula proposta pelo autor. Chegamos assim à etapa final da fase *in iure,* em que é decisiva a atuação do magistrado: dele depende o andamento do processo, pois pode sustá-lo ou deixar que prossiga.[5] O magistrado pode sustar o andamento recusando (*denegatio actionis*) a ação, porque, por exemplo, não existe ação correspondente à pretensão exposta pelo autor. Lembremos, entretanto, que o pretor pode criar uma ação para o caso em tela.[6]

---

[4] Idem, ibidem.

[5] Os autores divergem quanto à ordem de sucessão dos acontecimentos nesta fase final. Discute-se também o papel do magistrado na redação da fórmula. Seguimos aqui GAUDEMET, *Le droit privé,* p. 186 e ss.

[6] A recusa devia ser excepcional. O autor podia, neste caso, apelar para o auxílio (*auxilium*) dos tribunos da plebe ou para a *intercessio* do colega do magistrado (MONIER, *Manuel,* I, p. 162).

Decidido o prosseguimento da ação, o magistrado determina a fórmula. Sem dúvida, o autor pode propor uma fórmula, mas é o magistrado que o guiará em sua escolha, que compõe a fórmula e que, finalmente, a torna sua ao autorizar o seu emprego; pode também recusá-la. É elaborando a fórmula com as partes, que ele faz ato de *iurisdictio* no pleno sentido do termo: "diz o direito" (*ius dicere*) aplicável à demanda.[7] Ao transmitir a fórmula ao *iudex* o magistrado não só lhe confere o poder, mas lhe dá a ordem de julgar (*iudicare iubere*). A instância *in iure* encerra-se com a *litis contestatio,* "que os romanos consideram como pedra angular do processo e que contém, na realidade, múltiplos efeitos".[8] A *litis contestatio* consiste num acordo (*edere iudicium* e *accipere iudicium*) entre as partes, no qual aceitam submeter o litígio a um juiz, segundo as indicações contidas na fórmula. É um contrato judicial. Note-se a diferença entre a *litis contestatio* já estudada nas Ações da Lei (tomada de testemunhas – *Testes estote*) e a *litis contestatio* no processo formular.

A *litis contestatio* produz um tríplice efeito: extintivo, regulador e criador. O efeito *extintivo* chama-se assim porque extingue o direito de ação (*actio consumitur, tollitur*) concernente à relação jurídica originária em litígio entre autor e réu a qual

---

[7] Os autores divergem quanto à confecção da fórmula. Ver, por exemplo, Monier, *op. cit.*, p. 161. O autor redigiria a fórmula com auxílio de um jurisconsulto.

[8] Arangio-Ruiz, *Las Acciones*, p. 98. Giffard (*Études*, p. 84), seguindo a tese do austríaco Wlassak, considera a *litis contestatio* como uma espécie de contrato judiciário e lembra um texto de Ulpiano (D. 15.1.3.11): *iudicio contrahitur.*

é substituída pela mútua submissão ao que vai decidir o juiz. Assim é que, após a *litis contestatio*, não mais é possível propor uma ação sobre a mesma relação jurídica: *Bis de eadem re ne sit actio*. Este efeito extintivo se opera de dois modos diversos: *ipso iure* (automaticamente, de pleno direito) ou *exceptionis ope* (por meio de uma exceção). O efeito extintivo *ipso iure* só se produz (*agere non possumus*) se a ação for *in ius* (e não *in factum*), *in personam* (ver mais adiante) e tratar-se de *iudicium legitimum* (ver nota 136). Observe-se que a ausência do efeito extintivo nas ações *in rem* explica-se porque o direito real vale *erga omnes*. Nas demais hipóteses (por exemplo, quando se tratava de *iudicium imperio continens*, o efeito extintivo era produzido por meio de exceção de coisa julgada ou trazida a juízo: *exceptio rei iudicatae* (se já houve sentença), *vel in iudicium deductae* (se já se verificou a *litis contestatio*). O efeito *regulador* ou *fixador* consistia em que todos os elementos reais ou pessoais do processo fossem fixados definitivamente pela fórmula, não podendo sofrer modificações *in iudicio*. Se o juiz designado na fórmula ou uma das partes falecer, será necessário retornar perante o magistrado para conseguir uma modificação na fórmula (*translatio iudicii*) ou entrar em acordo para escolher um novo juiz (*mutatio iudicis*). O efeito *criador* é, segundo Arangio-Ruiz, "o mais difícil de compreender".[9] Este autor reproduz (embora a julgue discutível e dela divirja) a opinião dos romanistas modernos

[9] Arangio-Ruiz, *Las Acciones*, p. 100. Ver também Giffard, *Précis*, p. 125. Villers, *Rome et le droit privé*, p. 166.

que aceitam "a ideia fundamental que faz nascer da *litis contestatio* um direito de crédito e veem o objeto deste na quantia em dinheiro que vai ser fixada pela sentença".[10]

Giffard, estudando o efeito criador da *litis contestatio*, anota: "É um direito novo, isto é, um direito cuja causa é diferente daquela do direito antigo deduzido em justiça. Por exemplo, o autor é credor em virtude de um delito. Após o contrato judicial, o direito novo não tem outra causa senão o próprio contrato judicial; não é mais um crédito resultante de delito. Eis aqui o interesse prático: os créditos resultantes de delito não são, em princípio, transmissíveis aos herdeiros. Ao contrário, o direito nascido da *litis contestatio* é transmissível como os outros créditos contratuais. Daí resulta que se a vítima do delito morre após a *litis contestatio* seus herdeiros poderão continuar a ação".[11]

Sublinhe-se: esse direito novo é sempre um direito de crédito referente a uma soma de dinheiro.

Instancia apud iudicem

O *iudex* pode ser assessorado por juristas que constituem seu *concilium*. A presença de ambas as partes não é obrigatória para fixar os elementos do litígio: estes se encontram na fórmula. Na época imperial, o autor deve citar três vezes o réu para que então se dê andamento ao processo com a ausência deste. Se

---

[10] Arangio-Ruiz, *Las Acciones*, p. 100.
[11] Giffard, *Précis*, p. 125.

o réu não dispuser de uma justificativa aceitável para a ausência, será condenado. As partes expõem seus pontos de vista sem formalidades (*altercatio*, *orationes*, *perorationes*), podendo servir-se de advogados (*patroni*, *advocati*). Não existe um sistema legal de provas. Os jurisconsultos consideram o problema das provas antes como uma questão de fato do que uma questão de direito. Cabe ao autor produzir as provas das alegações: *onus probandi incumbit ei qui agit*. O réu, por sua vez, se invocar uma *exceção*, torna-se autor no sentido de que deve produzir a prova: *reus excipiendo fit actor*. Os meios de prova eram testemunhas, documentos (*scripta*, *tabulae*, *instrumenta* etc.) juramento, confissão (*confessio in judicio*). Note-se que esta confissão do fato diante do juiz vale apenas como elemento de prova, enquanto que a supra mencionada *confessio in jure* pode substituir diretamente a sentença.

Embora o juiz gozasse de grande liberdade na formação de sua opinião estava, contudo, preso aos termos da fórmula, mesmo que contivessem alguma falha. Não podia levar em conta elementos novos que fossem de seu conhecimento, mas que o magistrado houvesse ignorado. Em caso de dúvida, o juiz podia abster-se de julgar, declarando sob juramento não ter chegado a nenhuma conclusão (*sibi non liquere*). O magistrado designaria então outro juiz. A sentença era prolatada oralmente na presença das partes. Ao proferir a sentença, o juiz devia situar-se no momento da *litis contestatio*. "Se o direito não existe no momento da *litis contestatio*, ele deve absolver o réu, pouco importando os fatos ulteriores. Aqui, ainda, a consequência é injusta e até mesmo absurda. Suponhamos que o réu, no decurso da instância *in iudicio* perceba que sua defesa carece de fundamento e paga sua dívida; o juiz não levará em conta esse pagamento feito após a *litis contestatio* e, reportando-se à situação existente nessa ocasião, condenará o réu a pagar. Este resultado lógico foi oportunamente afastado pelos jurisconsultos romanos nas ações de boa-fé. Admitiam que nessas ações o juiz não passará à condenação quando o réu se houver executado espontaneamente durante o processo (*inter moras litis*)".[12] Outros inconvenientes do estrito vínculo que prendia o juiz aos termos da fórmula ocorriam quando, por exemplo, o autor erroneamente pedia uma coisa por outra (*aliud pro alio*) ou pedia menos do que lhe era devido (*minus petitio*), ou pedia mais do que lhe era devido (*plus petitio*), ou exigia uma prestação em lugar diverso daquele em que devia ser efetuada (*plus petitio loco*) etc. Evidentemente as *interrogationes in iure* deveriam evitar esses inconvenientes e desfazer antecipadamente os pontos duvidosos.

Segundo a fórmula, o juiz só tinha poderes para condenar (*si paret... condemna*) ou absolver (*si non paret... absolve*) o réu. Em certos casos, porém, em virtude de uma cláusula adicional à fórmula (*iudicium contrarium*), o juiz podia eventualmente condenar o autor. Tal acontecia na *actio iniuriarum*: o réu podia

---

[12] Idem, ibidem, p. 129. Note-se que os sabinianos defendiam a tese de que o juiz, em qualquer hipótese, deveria levar em consideração os fatos sucedidos após a *litis contestatio*: se o réu pagasse o débito depois dela, mas antes da sentença, deveria ser absolvido.

obter a condenação pecuniária do autor caso este perdesse o pleito (*si causam non tenuerit* – Gaio, IV, 177-181).[13]

Como já vimos, o juiz só podia condenar ao pagamento de uma quantia em dinheiro. Não podia, portanto, condenar o réu à restituição da coisa devida ou reivindicada. Gaio (4.48) diz que o juiz não pode condenar à prestação da própria coisa, objeto do litígio (*iudex non ipsam rem condemnat*). Compreende-se que esta regra podia acarretar sérios prejuízos para o autor que reivindicasse uma coisa de valor especial não avaliável em dinheiro, como, por exemplo, um determinado escravo etc. Os inconvenientes da condenação pecuniária foram atenuados nas chamadas ações arbitrárias (*actiones arbitrariae, ex arbitrio iudicis pendentes*), cuja fórmula continha uma cláusula (*clausula arbitraria*) pela qual o juiz, antes de condenar o réu, convida-o a restituir a coisa ao autor. A recusa do réu (*nisi restituat*) levaria o juiz a condená-lo (*neque restituetur, condemna*) a pagar ao autor o valor que este, por juramento, atribuísse à coisa.[14]

A sentença do *iudex* implica uma decisão (*pronuntiatio*) sobre o direito do autor, seguida de uma avaliação em dinheiro (*litis aestimatio*). Caso tivesse havido confissão, proceder-se-ia só à *aestimatio* sem julgamento (D. 9.2.25.2: *iudex non rei iudicandae, sed aestimandae datur*).

---

[13] Monier, *op. cit.*, p. 168

[14] Giffard, ibidem, p. 130 e Moreira Alves, *op. cit.*, I, p. 284-285.

Sententia e *res iudicata*

A sentença prolatada pelo *iudex* produz um duplo efeito jurídico: **executório**, quando é condenatória, e o de **coisa julgada** (*res iudicata*), quer seja condenatória ou absolutória. Gaudemet observa que "o princípio da autoridade da coisa julgada é uma inovação do direito romano, que foi conservado pela maior parte dos direitos de tradição romana".[15] O princípio da *res iudicata,* sublinha ainda Gaudemet, era já reconhecido de maneira imperfeita como uma simples consequência do efeito extintivo da *litis contestatio.*[16] Este efeito, entretanto, revelava-se às vezes insuficiente. Assim é que, ao lado do efeito puramente negativo e exclusivo da *litis contestatio* (impede o autor de agir novamente *de eadem re*), surge o efeito negativo e positivo da *res iudicata*: impede que se retome o processo sobre a mesma coisa (*de eadem re*) e estabelece de modo positivo a coisa que foi julgada entre os litigantes (*inter easdem personas*). Giffard ilustra com o seguinte exemplo a distinção entre o efeito da *litis contestatio* e o da *res judicata*: "No caso do processo real, suponhamos que um réu, tendo perdido o processo porque o autor fez prova de sua propriedade, retome o processo como autor reclamando a coisa daquele que a obteve no primeiro processo. Isto é possível de acordo com as regras da *litis contestatio,* porque o réu não foi autor, só se defendeu; isto seria impossível em virtude da

[15] Gaudemet, *Le droit privé,* p. 190. *Título executivo* normal é a sentença condenatória exequível (Medeiros, Catunda de, *op. cit.*, p. 54).
[16] Gaudemet, ibidem.

autoridade positiva da *res judicata*".[17] A autoridade da coisa julgada se faz valer através de uma *exceptio* inserta na fórmula: a *exceptio rei judicatae* que se baseia não mais sobre a *litis contestatio*, mas sobre o fundamento e o conteúdo da sentença.[18]

Os juristas clássicos, no início do Império, formulam o princípio geral do respeito à coisa julgada e justificam-no pelo interesse público.[19] É relevante sublinhar que a autoridade da coisa julgada só tinha força se houvesse identidade de questões e identidade física ou jurídica dos litigantes: *ex eadem causa et inter easdem personas*.[20] Gaudemet, depois de sublinhar que os litigantes tenham agido na mesma qualidade, lembra que essa condição "responde ao princípio do efeito relativo da coisa julgada, formulado também pelos romanos: *res inter alios iudicata aliis non praeiudicare potest*" (D. 42.1.63).[21]

---

[17] Giffard, *Études*, p. 99.

[18] Giffard, *Précis*, p. 131-132. Levantaram-se dúvidas sobre se o pretor propunha duas exceções distintas ou uma única com a expressão: *exceptio rei in iudicium deductae* (*exceptio* fundada na *litis contestatio*) et *exceptio rei iudicatae* (*exceptio* fundada no valor da sentença). Para muitos romanistas, "tratava-se de uma única exceção, mas de duplo emprego, que o litigante utilizava no sentido que lhe era favorável" (Villers, *Rome et le Droit Privé*, p. 169). Note-se que Gaio IV, 106, fala em *exceptio rei iudicatae vel in iudicium deductae*. Em Inst. 4.13.5 e em D. 44.2 encontramos a expressão *exceptio rei iudicatae.*

[19] Gaudemet, *Le Droit privé*, p. 191.

[20] Paulus (D. 44. 2. 12 e 14 pr) fala da identidade relativa ao *corpus* (idem *corpus*), à questão (*eadem causa petendi*) e às pessoas (*eadem conditio personarum*). *Idem corpus*: as demandas versam sobre o mesmo objeto (uma quantidade, *eadem quantitas* ou um direito real, *idem ius*). *Eadem causa petendi*: deve tratar-se da mesma pretensão jurídica. *Eadem conditio personarum*: identidade física ou jurídica. Assim, por exemplo, um herdeiro continua a pessoa do defunto. O *filiusfamilias* e o *paterfamilias* se identificam: *si quis hominem a filio famílias petierit, deinde eundem a patre petat, locum habet haec exceptio* (Ulpiano. D. 44.2.11.8).

[21] Gaudemet, *Le Droit*, p. 191.

A força de "verdade legal" (*res iudicata pro veritate habetur*) da sentença só era reconhecida quando esta se tornasse definitiva. Chegamos aqui ao problema dos *recursos.* No processo *per fomulas* não existiam propriamente recursos. O juiz era um particular e, por isso, não tinha superior hierárquico a quem os litigantes pudessem recorrer. Além disso, o juiz fora escolhido de comum acordo pelas partes. *Sententia* e *res iudicata* de certa forma confundiam-se: "a primeira era, por assim dizer, o invólucro externo da segunda; uma o continente, outra o conteúdo, mas definitivamente uma só coisa" (Orestano, *op. cit.*, p. 394). Observe-se, contudo, que nos primeiros tempos da época imperial surgem casos raros de rercuso perante o príncipe ou o senado contra as sentenças do *iudex unus.*[22]

Alguns meios indiretos podiam ser empregados pelo litigante vencido contra a execução da sentença. Assim, por exemplo, a *intercessio* podia ser aplicada por um magistrado superior (por exemplo, o cônsul) contra um magistrado judiciário (por exemplo, o pretor), no sentido não de reformar uma sentença proferida pelo juiz particular, mas sim de paralisar a execução de uma sentença.[23]

Havia ainda a *revocatio in duplum* (o réu visava o reconhecimento da nulidade do julgamento, mas, se sua pretensão carecesse de fundamento, ele seria condenado em dobro) e a *restitutio in integrum* (que estudaremos brevemente mais adiante).

---

[22] Gaudemet, *Le Droit,* p. 192.

[23] Ver exemplo em Moreira Alves, *D. Romano I*, p. 275.

Execução da sentença[24]

A sentença condenatória faz nascer uma obrigação de execução do julgado (*iudicatum facere oportere*). Se o réu condenado não executa a sentença, sujeita-se, decorrido o prazo de trinta dias, à *actio iudicati,* que, no processo formular, substitui a antiga *manus iniectio iudicati* das ações da lei. O autor pede ao magistrado que autorize a execução, mas, como já vimos, o réu pode impugnar a sentença. Giffard estudando a execução sobre a pessoa (*Précis*, p. 132) sintetiza: "o réu condenado na primeira instância pode impugnar a sentença dizendo que ela é nula (o juiz era incompetente; não observou as formalidades); pode também sustentar que já pagou. É a *revocatio in duplum.* Com efeito, o réu condenado na primeira instância, se sua pretensão é novamente rejeitada, incorre em uma condenação em dobro. A ação *iudicati* é uma dessas ações em que *lis crescit in duplum adversus infitiantem*: o objeto do processo cresce em dobro contra aquele que nega sem razão. Designava-se um juiz popular para verificar a procedência da alegação *apud iudicem.* Não podendo provar as alegações, o réu era então condenado em dobro (*revocatio in duplum*). Na maioria das vezes, o réu não podia negar sua condição de *iudicatus.* Se então não cumprisse a sentença, passava-se à execução mediante *decretum* do magistrado. A execução se fazia sobre a pessoa do réu (a única que podia ser concedida pelos magistrados municipais) ou sobre seus bens.

---

[24] Execução é a atuação do Estado-juiz que dá cumprimento ao título executivo (Medeiros, Catunda de, *op. cit.*, p. 54).

Sobre as pessoas

Tendo o réu recusado a pagar, o magistrado dá ordem no sentido de que seja levado preso (*duci iubet*) pelo autor, em cuja casa permanece acorrentado, em cárcere privado, sujeito a arbitrariedades e a humilhações, mas não em situação de escravo. "O aprisionamento tem um fim coercitivo: deve obrigar o devedor, seus parentes ou seus amigos a pagar para obter sua liberação."[25] Na época de Augusto, uma Lei Júlia permitiu ao devedor que se subtraísse à execução mediante a cessão de todos os seus bens (*cessio honorum*) a seus credores.[26]

Sobre os bens

A execução sobre os bens (*venditio bonorum*) teria sido introduzida (Gaio, 4.35) pelo pretor Rutilius Rufus (118 a.C.). Eis, resumidamente, a sequência dos atos que caracterizam esta execução:[27]

– Um dos credores (na hipótese de mais de um credor) requer ao magistrado a imissão na posse dos bens do réu (*missio in possessionem, missio in bona*). Trata-se de medida cautelar visando impedir a dilapidação dos bens por parte do devedor (*missio in bona rei servandae causa*).

---

[25] Gaudemet, *Droit*, p. 193.

[26] No século III, pelo menos, a *cessio bonorum* evitava a *infamia* ligada à venda dos bens do insolvente, Monier, *op. cit.*, p. 171.

[27] Giffard, *Précis*, p. 134. Monier, *Manuel*, I, p. 172-173.

– Na hipótese de existência de vários credores, o magistrado designa um administrador provisório: *curator bonorum*.

– São tomadas medidas de publicidade (*proscriptiones*) no sentido de convocar outros credores ou de alertar os amigos do devedor no sentido de virem em seu auxílio.

– Nomeia-se um síndico definitivo, *magister bonorum*, que (dez dias após, se o réu estivesse vivo, ou cinco dias, se o réu estivesse morto) procede à venda dos bens (*bonorum venditio*). A venda é pública, em leilão, e se faz em bloco ao licitante que fizer a melhor oferta. O produto da venda é dividido entre os credores, tendo preferência os privilegiados (por exemplo, os titulares de hipoteca). Aos credores quirografários caberia o restante.

– O *emptor bonorum* (arrematante dos bens) sucede ao devedor, por direito honorário, em seus bens, créditos e certas dívidas. "Com relação aos bens, ele adquiria a propriedade pretoriana e podia reaver os que se encontrassem em mãos de terceiros por meio do *interdictum possessorium* que o magistrado lhe concedia. Quanto aos créditos do réu, o *emptor bonorum* podia cobrá-los até judicialmente, caso em que o magistrado concedia uma ação com *transposição de sujeito* (se o réu fosse vivo) ou uma *ação fictícia* (se o réu fosse morto, não sendo assim possível a utilização da *actio* com transposição de sujeito). Enfim, quanto às dívidas, ele se responsabilizava apenas por algumas, sendo controvertidas entre os romanistas quais fossem elas."[28]

---

[28] Moreira Alves, *Direito Romano*, I, p. 280-281.

– O magistrado concedia o que os modernos chamam de *beneficium competentiae* em virtude do qual o devedor que tivesse conseguido recuperar-se economicamente, por exemplo, recebendo uma herança e cujos credores não houvessem sido integralmente indenizados pelo *bonorum emptor*, durante um determinado prazo, não podia ser executado além dos limites de seus recursos (*in id quod facere potest*), favorecendo assim sua recuperação econômica e impedindo a execução sobre sua pessoa.[29]

– A *venditio honorum* apresentava o grave inconveniente de venda em bloco de todo o patrimônio, despojando o devedor de todos os seus bens, mesmo na rara hipótese em que o ativo superasse o passivo.[30] No processo extraordinário, este inconveniente foi sanado com a venda de bens singulares do devedor (*distractio honorum*). "Um sistema análogo fora já empregado pelo pretor, em proveito dos impúberes e dos loucos (D. 42.5.fr.6; D. 42.4 fr. 7. 11; D. 17. 1 fr.21.10) e instituído por um senatusconsulto em proveito de pessoas de condição senatorial (D. 27.10. fr. 5)."[31]

[29] Monier, *Manuel* I, p. 171. Ver também Kaser, *Derecho Romano Privado*, p. 381.
[30] Monier, *Manuel*, I, p. 173.
[31] Idem, ibidem.

8. Processos Excepcionais Derivados do *Imperium* dos Magistrados

Além da atuação do magistrado fundamentada em seu poder jurisdicional (*iurisdictio*), existem intervenções nos litígios entre particulares que revestem uma forma mais autoritária e que encontram respaldo no *imperium*. O magistrado interpõe sua autoridade, no dizer de Gaio (4.139), para pôr fim às controvérsias (*auctoritatem suam finiendis controversiis interponit*). É a proteção jurídica *extra iudicium*. Estamos aqui diante de meios complementares do processo formular: os interditos (*interdicta*), as estipulações pretorianas (*stipulationes praetoriae*), as imissões na posse (*missiones in possessionem*) e as restituições *in integrum* (*restitutiones in integrum*). Examinemos sucintamente cada uma dessas intervenções.

Interdicta

"Os interditos, cuja origem é remota e não bem conhecida, são, na época clássica, ordens dadas pelo magistrado com o fim de amparar uma situação que se considerava justa, na suposição de que fossem certos os fatos e as circunstâncias alegadas por aquele que solicitava o interdito."[1]

---

[1] Arias Ramos, *Derecho I*, p. 204.

A designação de *interdictum* explica-se porque a intervenção do magistrado consistia inicialmente numa proibição (*vim fieri veto*). O procedimento através de interditos baseados no *imperium* fugia às regras estritas do *ordo iudiciorum privatorum*: era mais rápido e mais cômodo que a ação. Presentes as partes *in iure*, o que solicitava o interdito expunha os fatos justificativos de seu pedido, e o magistrado, na presunção da veracidade desses fatos, dava uma ordem ao outro litigante no sentido de praticar determinados atos (por exemplo, restituir uma coisa) ou de abster-se de determinados atos (por exemplo, usar da força para modificar certa situação). Se o litigante a quem fora dirigida a ordem obedecia, o litígio estaria findo. Caso contrário, iniciava-se um processo (*actio ex interdicto*) com fórmula, fase *in iudicio* e sentença.

Segundo Gaio (4.142), a principal classificação dos interditos é a seguinte: proibitórios, restitutórios ou exibitórios (*Principalis igitur divisio in eo est, quot aut prohibitoria sunt interdicta aut restitutoria aut exhibitoria*). Nos proibitórios, o magistrado veta que se faça algo modificando a situação existente, isto é, veta que se faça justiça pelas próprias mãos; nos demais, como a designação indica, ordena-se que se restitua ou se exiba alguma coisa. Em caso de *interdito proibitório* utilizava-se o processo *per sponsionem* (Gaio, 4.141: *Et quidem ex prohibitoriis interdictis semper per sponsionem agi solet*); quando se tratava de interditos imperativos (*decreta*), isto é, restituitórios ou exibitórios, utilizava-se o processo *per sponsionem* ou o processo *per formulam arbitrariam* (Gaio, 4.141: *ex restitutoriis vero vel exhibitoriis modo per sponsionem, modo per formulam agitur, quae arbitraria vocatur*). No processo *per sponsionem*, quando uma parte não acata o interdito, os litigantes comparecem perante o magistrado antes que decorra o prazo de um ano e prometem-se mutuamente (*sponsio* e *restipulatio*) uma determinada quantia de acordo com a comprovação ou não dos pressupostos que fundamentaram a concessão do interdito. O magistrado, no período clássico, redigia e remitia ao *iudex* (ou aos *recuperatores*) três fórmulas referentes respectivamente à *sponsio* (promessa feita pelo réu), à *restipulatio* (compromisso do autor, que obteve o interdito) e ao *iudicium secutorium* (através do qual, comprovado o desrespeito ao interdito, o réu seria obrigado a indenizar o autor ou a cumprir o interdito).

Quando se tratava de interditos imperativos, usava-se o processo *per formulam arbitrariam*. O réu devia solicitar a designação de um árbitro imediatamente após a concessão do interdito (restitutório ou exibitório). Gaio (4.164) adverte: *statim pelat, antequam ex iure exeat, id est antequam a praetore discedat*: antes de encerrado o processo *in iure*, isto é, antes de deixar a audiência. O magistrado concede então ao réu a fórmula arbitrária (Gaio, 4.163: *namque si arbitrium postulaverit is cum quo agitur, accipit formulam quae appellatur arbitraria*). Ainda Gaio: se (o réu), por arbítrio judicial deve restituir ou exibir a coisa, exibe ou restitui sem risco e é absolvido; mas se não restituí-la nem exibi-la, é condenado no valor da mesma (*et iudicis arbitrio, si quid restitui vel exhiberi debeat, id sine periculo exhibet aut restituit, et ita absolvitur: quod si nec restituat neque exhibeat, quanti ea res est condemnatur*). Se a designação do árbitro não fosse pedida imediatamente, só seria utilizável, mesmo que se tratasse de interdito restitutório ou exibitório, o processo *per sponsionem* acima descrito.

Stipulationes praetoriae

A *stipulatio praetoria* é um contrato verbal e solene feito por ordem do magistrado. Às vezes este se contenta com uma simples promessa (*nuda promissio*) de um litigante a outro; em geral, porém, é exigida a garantia (*satisdatio*) de fiadores. Da *stipulatio praetoria* originava-se uma obrigação do estipulante em relação ao postulante tutelada pela *actio ex stipulatu*. Gaio (4.31) menciona o emprego da *stipulatio praetoria* no caso de dano iminente (*damnum infectum*, dano ainda não causado): "na ação de dano iminente, ninguém observa a ação da lei, preferindo todos, para obrigar o adversário, recorrer à estipulação publicada no edito, meio mais cômodo e eficaz" (*Damni vero infecti nemo vult lege agere, sed potius stipulatione, quae in edicto proposita est, obligat adversarium suum, idque et commodius ius est plenius est*). Assim, por exemplo, o pretor exigia do proprietário de um prédio que ameaçasse ruir uma promessa de indenização ao proprietário do imóvel ameaçado.

Missio in possessionem

Missio in possessionem era a autorização do magistrado, em virtude de seu *imperium*, no sentido de alguém se imitir na posse ou de um bem determinado (*missio in rem*), ou de um patrimônio inteiro (*missio in bona*). O possuidor é amparado por interditos ou por *actiones in factum* (ver mais adiante). A finalidade da *missio in possessionem* era variada; às vezes concedia ao favorecido apenas a *possessio* como medida acautelatória (*rei servandae causa*), às vezes era o prelúdio de uma venda em bloco do patrimônio (*venditio bonorum*).

Restitutio in integrum

A *Restitutio in integrum* constituía a manifestação mais radical do *imperium* do magistrado no campo da proteção jurídica.[2] O pretor "vai de encontro ao direito civil, paralisa-o, aniquila-o".[3] *Restituere* não significa aqui "restituir", mas "repor as coisas em seu estado anterior", *in statu quo ante*, considerar um ato como inexistente em seu todo (*in integrum*).[4] A *restitutio* anula todos os efeitos civis de um ato. Compreende-se assim que, em geral, o pretor só a empregue quando não há outros meios de reparar o prejuízo. Entre as principais hipóteses em que ocorriam as *restitutiones in integrum* figuram: o erro (*ob errorem*), o dolo (*ob dolum*), a coação (*ob metum*), a idade (*ob aetatem*), a fraude de credores (*ob fraudem creditorum*), a *capitis deminutio* (*ob capitis deminutionem*). Modestino (D. 4.1.3) diz que todas as *restitutiones in integrum* são outorgadas pelo pretor após o exame da causa, isto é, que ele examina a justeza dessas causas e a veracidade das alegações em nome das quais concede sua proteção aos particulares (*Omnes in inte-*

---

[2] Idem, ibidem, p. 209.

[3] GIFFARD, *Précis*, p. 154.

[4] Idem, ibidem.

grum restitutiones causa cognita a praetore promittuntur, scilicet ut iustitiam earum causarum examinet, an verae sint, quarum nomine singulis subvenit).

A concessão da *Restitutio* estava subordinada às seguintes condições:

– Só era concedida pelo pretor.

– Devia ser solicitada no prazo de um ano útil, "mas este prazo só corre a partir do dia em que o menor se torna maior, em que o ausente retorna a Roma, em que o dolo é descoberto" (Monier, *Manuel*, I, p. 187).

– Constitui *ultimum remedium*.

– Pressupõe uma cuidadosa indagação prévia (*cognita causa*).

9. O Processo Extraordinário
Cognitio Extra Ordinem

Desde épocas remotas encontra-se em vigor no Direito Romano um tipo de processo excepcional (donde o nome de *cognitio extraordinaria*, *extra ordinem*, isto é, estranho às regras normais do processo civil), cuja aplicação mais antiga se efetuava nas divergências surgidas entre o Estado e os cidadãos romanos.[1] Lembremos aqui a preponderância do Estado Romano (*civitas*, *populus romanus*) no campo jurídico. Os romanos não podiam conceber que o Estado pudesse aparecer numa relação jurídica em pé de igualdade com os particulares. Em Roma, o ato realizado pelo Estado "é sempre considerado como expressão de sua soberania e contra ele não cabia outro remédio senão um recurso administrativo. Se, por exemplo, os órgãos do Estado não observassem as condições estipuladas no arrendamento de um determinado imposto, o arrendatário não dispunha da faculdade de dirigir uma reclamação a não ser perante o próprio magistrado que representara o Estado na redação do contrato

[1] Arangio-Ruiz, *Las Acciones*, p. 138.

e ao qual correspondia também receber a queixa e, no tempo apropriado, adotar as medidas oportunas. Daí dizer-se que esse procedimento seja *extra ordinem*, isto é, estranho às regras normais dos processos civis. Com efeito, em semelhante tipo de processo não se dá fórmula alguma; nem há *litis contestatio*, nem se procede à nomeação de um juiz privado, nem muito menos se distingue uma fase *in iure* e outra *apud iudicem*".[2]

Sob o Principado estende-se o campo de aplicação do processo *extra ordinem* também a litígios entre particulares. Lembremos, apenas a título de exemplo, a criação do *praetor fideicommissarius* para a execução do fideicomisso. O novo magistrado "não se limita a fixar os termos do litígio e ajudar as partes na nomeação de um juiz, mas se estende até o exame da disposição testamentária, tanto do ponto de vista da forma como da oportunidade, concluindo com a ordem de executar a disposição ou de sua anulação".[3] Nas províncias nota-se uma involução geral do processo formular e a afirmação do novo procedimento.[4] Sublinhe-se que os governadores de província estavam obrigados à aplicação do processo formular nos litígios entre os residentes romanos, mas nos assuntos em que eram partes os indígenas cabia ao governador ou a um subalterno dirigir o processo e pronunciar a sentença, levando em consideração os costumes locais.[5] Em 342 os imperadores

---

[2] Idem, ibidem.

[3] Idem, ibidem, p. 139.

[4] Grosso, *Lezioni di Storia Del Diritto Romano*, p. 409.

[5] Arangio-Ruiz, *Las Acciones*, p. 140.

Constâncio e Constante, através de uma constituição, aboliam as fórmulas já então consideradas obstáculos à livre apreciação do caso pelo juiz.[6]

Antes de enumerarmos rapidamente algumas características do novo processo e de estudar suas diferentes etapas, convém chamar a atenção do leitor para o fato de que nosso conhecimento do processo extraordinário é imperfeito graças à deficiência das fontes. É que os compiladores da época de Justiniano (quando só estava em vigor o processo *extra ordinem*), impressionados com o valor das tradições clássicas, fizeram mais referências ao processo formular que ao processo novo. Não raramente é difícil verificar se o processo a que se refere determinada constituição ou determinado fragmento de jurisconsulto é o processo formular ou o extraordinário. Explica-se essa dificuldade pela coexistência de ambos os sistemas processuais por um prolongado período. Compreendem-se, assim, as divergências e controvérsias existentes entre os romanistas quanto ao estudo do processo *extra ordinem*.[7]

Vejamos, agora, as principais características deste sistema processual:

– Abolição da fórmula.

– Abolição da divisão da instância em duas fases (*in iure* e *apud iudicem*), o que "supõe o abandono definitivo da ideia de

[6] Idem, ibidem, p. 140-141. Note-se que uma constituição de Diocleciano do ano 294 d.C., já supõe como fato consumado a generalização do processo extraordinário. Ver Monier, *Manuel*, I, p. 190.

[7] Gaudemet, *Le Droit Privé Romain*, p. 199.

arbitragem voluntária, sobre a qual o antigo regime havia sido construído".[8]

– "A introdução da instância já não se processa graças à atividade exclusiva do demandante; as duas instituições que se inspiravam neste princípio, a *in ius vocatio* e o *vadimoniun*, desapareceram."[9]

– Admite-se a possibilidade de recurso contra a sentença "por quanto quem a profere é um funcionário do Estado hierarquicamente subordinado a superiores, que podem rever o julgamento dele".[10]

– Lembremos, finalmente, que no processo extraordinário os atos escritos tornam-se mais numerosos. Gaudemet observa a propósito: "Esses atos são ocasião de percepção de taxas múltiplas, previstas em lei ou extorquidas pelos auxiliares do juiz. Não somente a justiça cessa oficialmente de ser gratuita, mas a venalidade do pessoal judiciário é um dos vícios do Baixo-Império".[11]

---

[8] Arangio-Ruiz, *Las Acciones*, p. 141.
[9] Idem, ibidem, p. 141-142.
[10] Moreira Alves, *Direito Romano*, I, p. 298.
[11] Gaudemet, *Le Droit Privé Romain*, p. 200.

10. A Marcha da Instância

Citação

No período clássico já se manifestara uma tendência favorável à intervenção ativa do magistrado no sentido de forçar o comparecimento do réu no tribunal. Assim é que, quando se tratava de um processo *extra ordinem*, o magistrado, a pedido do autor, citava o réu de acordo com o local em que ele residisse, quer verbalmente (*denuntiatio*), quer por uma requisição escrita (*litterae*), quer por meio de um edito (*edictum*).

Uma constituição de Constantino de 322 generaliza o sistema de citação que os autores modernos chamam de *litis denuntiatio*. A notificação é feita por intermédio de um magistrado (*rector provinciae*) ou de um funcionário e tem por finalidade tornar conhecido pelo réu o gênero de ação que vai ser intentada contra ele: as partes terão o prazo de quatro meses para se apresentarem em juízo.[1] A partir da segunda metade do século V, a *litis denuntiatio* vai ser suplantada pelo chamado *li-*

---

[1] MONIER, *Manuel Elémentaire*, I, p. 193-194. Havia um processo sumário para certos casos, como, por exemplo, créditos pecuniários nascidos de um empréstimo. Não existia, então, *denuntiatio*, nem prazos ordinários (GIFFARD, *Précis*, p. 162).

bellus conventionis, que consiste em uma petição escrita na qual o autor expõe sumariamente sua pretensão. O juiz, examina-a e, julgando-a conforme o direito e a moral, manda citar o réu por um agente judiciário (*exsecutor*). O réu citado dispõe de um prazo de dez dias (posteriormente de vinte dias) para enviar ao juiz um libelo de defesa (*libellus contradictionis*).[2]

Litis contestatio

No sistema do processo extraordinário, a presença de ambas as partes não era indispensável. O processo desenvolvia-se, apesar da ausência do autor ou do réu. As regras que presidem o desenrolar do processo variam evidentemente de acordo com a hipótese ocorrida: ambos os litigantes comparecem ou um deles está ausente.[3] Em geral as partes comparecem pessoalmente ou se fazem representar por um *procurator*.[4] Sobre a representação no Direito Romano, remetemos o leitor para o que já escrevemos em nossa *Iniciação ao Direito Romano*. A ausência do réu

---

[2] Giffard, *Précis*, p. 163. O *libellus conventionis* é o meio com que se inicia a demanda no direito justinianeu. Vale chamar a atenção aqui para um fato curioso: o leitor desprevenido do *Digesto*, nos livros que tratam do processo, ficará surpreso ao encontrar uma terminologia que evoca o antigo processo: *in ius vocatio, editio actionis* etc. Explica-se este anacronismo pelo método empregado na compilação. Os compiladores, expondo o direito novo, vigente no tempo de Justiniano, fazem falar os antigos jurisconsultos, conservando, pelo menos na forma, a antiga terminologia (Ver explicação mais minuciosa em Scialoja, *Procedimiento*, p. 371).

[3] Monier, *Manuel*, I, p. 195.

[4] Idem, ibidem, p. 190.

não impedia o andamento do processo e o juiz decidia a causa com fundamento nas razões apresentadas pelo autor podendo condenar ou absolver o réu. Se o réu deixasse de comparecer no decurso da lide, ainda que fosse absolvido, teria de pagar as custas a título de pena pela contumácia.

A ausência do autor, sem legítima excusa, pode acarretar-lhe o pagamento de uma indenização ao réu ou, conforme o caso, o pagamento das custas (independentemente da abolvição ou condenação do réu). Perante o funcionário-juiz ou seu delegado, as partes expõem com ampla liberdade suas pretensões.[5] A exposição em que o autor fixa o objeto de sua pretensão é a *narratio*. A refutação feita pelo réu é a *contradictio*.

Em que momento se situa a *litis contestatio* e qual sua natureza no processo extraordinário?

Quanto à primeira indagação, reina divergência nas respostas dos autores. De acordo com alguns, a *litis contestatio* ocorria, segundo uma constituição de Justiniano, no momento preciso em que o juiz começava a ouvir a exposição do autor, a *narratio*.[6] Segundo outros, a *litis contestatio* se dá após a *narratio* e a *contradictio* (*post narrationem propositam et contradictionem objectam*), quando o juiz podia então tomar melhor conhecimento do litígio.[7]

---

[5] Gaudemet, *Le Droit Privé Romain*, p. 200.

[6] Monier, *Manuel*, I, p. 197 e Arangio-Ruiz, *Las Acciones*, p. 143.

[7] Scialoja, *Procedimiento Civil Romano*, p. 379: "por lo demás, seria absurdo chamar *litis contestatio* a la sola declaración de una de las partes, cuando no se sabe aún qué habrá de decir la otra".

Quanto à segunda indagação, deve-se sublinhar que a *litis contestatio* não mais possui o papel fundamental que desempenhava no processo formular. Era apenas "um momento do processo".[8] Assim é que não mais fixava de modo definitivo os elementos do processo, sendo portanto possível alegar fatos novos a ela posteriores. O efeito extintivo da *litis contestatio* foi suprimido por uma constituição de Justiniano em 531.[9]

O efeito criador também desaparece, pois o juiz não está mais obrigado a proferir em todos os casos uma condenação pecuniária; pode, por exemplo, determinar que o réu restitua a própria coisa (*ipsam rem*). "A condenação tampouco é necessariamente pecuniária. Ao contrário, tanto para as ações reais como para as ações de caráter pessoal nascidas de um crédito de coisa determinada, o juiz condena à entrega da própria coisa e autoriza o demandante a utilizar o concurso da força pública para obrigar o demandado a entregá-la. Evidentemente, se a reintegração da coisa não é possível porque pereceu ou porque o demandado não a tem à sua disposição, a sentença recai sobre uma soma em dinheiro. Idêntica solução opera-se ao se tratar de uma obrigação de fazer ou de não fazer porque uma coação direta sobre o obrigado não é possível."[10]

---

[8] Gaudemet, *Le Droit Privé Romain*, p. 201 e Monier, *Manuel*, I, p. 197.

[9] Monier, *Manuel*, I, p. 198 e Arangio-Ruiz, *Las acciones*, p. 143. Ver também Scialoja, *Procedimiento Civil Romano*, p. 379 (segun la opinión más probable).

[10] Arangio-Ruiz, *Las Acciones*, p. 145.

Entre os efeitos da *litis contestatio* na *cognitio extraordinaria*, lembremos:

– A partir dela a coisa litigiosa torna-se inalienável.

– No momento da *litis contestatio* o juiz deve apreciar os diversos elementos do processo.

– A partir da *litis contestatio* começa a correr o prazo de três anos instituído por Justiniano para a perempção da instância (C. III, 1, 13, 1): *non ultra triennii metas post litem contestatam esse protrahendas*). Assim é que o juiz deveria decidir o litígio dentro do prazo de três anos. A perempção da instância, contudo, não extingue a ação, que poderá ser novamente proposta dentro de um prazo de quarenta anos (C 7.39.9: *quadraginta annorum spatium*).

Exceções[11]

Enquanto no processo formular as *exceptiones* eram partes da fórmula, no direito justinianeu já não mais se encontra a *exceptio* sob o ponto de vista formal: "desaparecida a fórmula, não existe a exceção do ponto de vista formal como parte de um ato em que se fundamenta todo o juízo". Não há necessidade de que as *exceptiones* precedam a *litis contestatio*. A regra é que devam ser apresentadas com a *litis contestatio*. O réu deve opô-las na *contradictio*. Embora esta regra não fosse rígida, de-

---

[11] Scialoja, *Procedimiento*, p. 382 e ss.

veria, contudo, ser rigorosamente observada relativamente às exceções prejudiciais que se opõem logo na primeira resposta à *narratio* do autor. Figuram entre as exceções prejudiciais as que se referem à competência do juiz (*praescriptio fori*), à sua pessoa (*recusatio iudicis suspecti*), à qualidade do autor para propor a ação (*legitima persona in iudicio*), ao procurador (sua capacidade e a capacidade da parte para designá-lo) etc.

Provas[12]

O juiz dispõe de menos liberdade na apreciação das provas, pois os imperadores interferem no processo determinando o maior ou menor valor que se deve atribuir a determinadas provas. A prova *testemunhal* já não se reveste da capital importância que tinha no processo formular. A partir de Constantino prevalece a regra *testis unus testis nullus*: testemunho de uma só pessoa não é suficiente, (C. 4.20.8: *Et nunc manifeste sancimus ut unius omnino testis responsio non audiatur...*). As provas escritas (*instrumenta* ou *scripturae*) adquirem grande importância, não podendo ser invalidadas por prova testemunhal (C. 4.20.1 ver Galisset, *duodecima editio*): *Contra scriptum testimonium non scriptum testimonium non fertur.*

O interrogatório em juízo pode proporcionar provas ao juiz. O *juramento*, especialmente com o progresso do Cristianismo,

---

[12] Seguiremos Monier, *Manuel I*, p. 199-200, Giffard, *Précis*, p. 165; Moreira Alves, *Direito Romano I*, p. 305 e ss; Scialoja, *Procedimiento*, p. 390 e ss. Prova: todo meio usado para esclarecer um fato. (Medeiros Catunda de, op. cit., p. 75).

adquiriu maior importância. A *confissão*, com exceções, obtém força de prova. A *res confessa* (coisa confessada) possui a mesma autoridade da coisa julgada. Os compiladores, generalizando um senatusconsulto de Marco Aurélio, estabeleceram o princípio: *confessus pro iudicato est*. A teoria da presunção é aperfeiçoada no processo extraordinário. Distinguem-se entre presunções *iuris tantum* e presunções *iuris et de iure*. As primeiras admitem prova em contrário, as segundas não. Note-se que a terminologia das presunções provém dos intérpretes medievais.

Concluamos estas rápidas linhas sobre a prova, lembrando que geralmente ela incidia sobre fatos, pois as normas jurídicas eram do conhecimento do juiz (*iura novit curia*). Às vezes, entretanto, as partes através de uma exposição (*recitatio*) provavam a existência de normas consuetudinárias, de normas locais (por exemplo, nas províncias) ou de *responsa* ou constituições imperiais aplicáveis ao caso.

Sentença

No sistema processual formular os poderes do juiz estavam rigorosamente subordinados ao conteúdo da fórmula. No sistema processual extraordinário, o juiz goza de mais liberdade para prolatar a sentença, estando preso apenas ao texto da lei, não podendo violá-lo sob pena de nulidade.[13]

[13] MONIER, *Manuel*, I, p. 200.

Eis, abaixo, observações sobre os poderes do juiz referentes à prolação da sentença na *cognitio extraordinaria*:[14]

– O réu que satisfizesse a pretensão do autor após a "*litis contestatio*" seria sempre absolvido.

– O juiz que estima a demanda exagerada ou verifica a exatidão de uma exceção pode pronunciar uma condenação inferior à reclamada pelo autor. Ao lado das *exceptiones absolutoriae* (cuja veracidade verificada acarretava a absolvição do réu), encontramos, no direito justinianeu, *exceptiones* destinadas a diminuir o montante da condenação.

– O juiz pode condenar tanto o réu como o autor (no processo formular, o juiz somente podia condenar ou absolver o réu: *si paret condemnato, si non paret, absolvito*).

– O juiz pode levar em consideração uma reconvenção (*reconventio*) por parte do réu e, se for o caso, condenar o autor em virtude do pedido reconvencional.

– A condenação, como já vimos, não se revestia sempre de caráter pecuniário. O juiz podia dar ordem de restituir (*iussus restituendi*) a coisa reivindicada, isto é, podia condenar à própria coisa (*ad ipsam rem*) e autorizar o autor a utilizar-se da força pública para consegui-la. Se a coisa pereceu, se o réu não dispõe dela ou se o objeto da sentença for uma obrigação de

[14] GIFFARD, *Précis*, p. 167 e MONIER, *Manuel I*, p. 201.

fazer ou não fazer (e o réu recusar cumpri-la), a condenação será pecuniária. Note-se: "uma coação direta sobre o obrigado não é possível" (Arangio-Ruiz, *op. cit.*, p. 145).

– A parte vencida será sempre condenada nas custas. Concluído o debate, o juiz devia consultar seus assessores "e redigir ponderadamente uma sentença por escrito, a qual devia logo ser lida pelo próprio juiz na audiência (*recitare sententiam ex periculo*), na presença de todos os oficiais do tribunal e convocadas as partes".[15]

A ausência das partes convocadas para a leitura não invalida a sentença.

Deve-se notar que se o juiz não se julgasse em condições de prolatar a sentença, poderia remeter os autos ao imperador ou, posteriormente, aos mais altos magistrados. Esta remessa dos autos ao imperador chamava-se *consultatio*.

Execução da sentença

A execução se faz através da *actio iudicati*, a ação de execução. Passada em julgado a sentença, procedia-se à execução dois meses (sob Justiniano, quatro meses) após a condenação ou a confissão do réu. O ato executório cabia ao *exsecutor*. Convém lembrar que a *actio iudicati*, em caso de impugnação da senten-

---

[15] SCIALOJA, *Procedimiento*, p. 411. Note-se que *periculum* é a própria folha em que está redigida a sentença.

ça pelo *iudicatus* (que podia alegar, por exemplo, já haver cumprido a sentença), dava lugar a um novo pleito que terminaria com uma sentença irrecorrível. A execução da sentença, que segundo Gaudemet (*Le Droit*, p. 204)[16] "é um dos pontos em que se assinala nitidamente o progresso da justiça estatal", apresenta diversas modalidades de acordo com o objeto da condenação e a situação econômica do réu:

– Se o juiz decidisse a entrega, a restituição ou a exibição de uma coisa (*certa res*), a execução far-se-ia *in natura*, se necessário *manu militari*.

– Se a condenação recaísse sobre uma soma em dinheiro poderia ocorrer uma das seguintes hipóteses: a) se o réu fosse solvente e opusse dificuldades à execução, dar-se-ia a apreensão de alguns bens (*pignus ex causa iudicati captum*) e subsequente venda dos mesmos, caso o executado não tivesse pago a dívida no prazo de dois meses; b) se o réu fosse insolvente e houvesse concurso de credores, proceder-se-ia à apreensão em bloco de todo o seu patrimônio (*missio in possessionem*). Seguia-se, então, não a venda em bloco (*venditio bonorum*), mas a venda sucessiva e parcial dos bens (*distractio honorum*) até que se apurasse a soma suficiente para o atendimento de todos os credores.

[16] Seguimos aqui Scialoja, *Procedimiento*, p. 414-415, Giffard, *Précis*, p. 167-168, Monier, *Manuel I*, p. 201-202, Moreira Alves, *Direito Romano I*, p. 308 e ss., e Gaudemet, *Le droit romain*, p. 204.

A execução sobre a própria pessoa, último vestígio da *manus iniectio*, passa para segundo plano, mas ainda é admitida em duas hipóteses: se o devedor recalcitrante não recorre à *cessio bonorum* (cessão dos bens em favor do exequente) ou não goza do *beneficium competentiae* (conserve o necessário para viver), pode então ser levado à prisão. Em 388 d.C., os imperadores Teodósio, Valentiniano e Arcádio suprimiram as prisões privadas e o credor que aprisionasse seu devedor insolvente cometia crime de "lesa-majestade" (Código de Teodósio, 9.11.1: *Si quis posthac reum privato carceri destinarit, reus maiestatis habeatur*). O devedor insolvente deveria ser encaminhado às prisões públicas. Observe-se, contudo, que as autoridades centrais não tiveram força para impedir a existência das prisões privadas: os poderosos (*potentes*) continuaram a manter em cárcere privado seus devedores.

Recursos

Como não houvesse, antes de Justiniano, limite de graus de jurisdição, o número de apelações "variava de acordo com o de juízes escalonados hierarquicamente entre o que primeiro decidira e o imperador" (Moreira Alves, *op. cit.*, vol. I, p. 309). Nem toda a sentença admitia apelação.[17] O Código Teodosiano proibia, via de regra, que se apelasse de sentenças interlocutórias ou preparatórias (C. Th., XI, 36.18: *Nullum audiri provocan-*

[17] Um Estudo completo e muito bem documentado em *L'Appello Civile in diritto romano* de Ricardo Orestano. Recurso é o pedido visando à reforma da sentença (MEDEIROS, Catunda de, *op. cit.*, p. 63).

tem ante definitivam sententiam volumus). Justiniano manteve a proibição, mas permitiu a apelação contra qualquer sentença definitiva (que decide total ou parcialmente o mérito da causa) ou terminal (põe termo ao processo sem decidir o mérito). "A apelação é intentada perante o juiz, cuja sentença é impugnada. Mas os juízes se mostram hostis às apelações que vão de encontro a seus julgamentos. Esforçam-se por evitá-las, ameaçando os litigantes ou recusando encaminhá-las às instâncias superiores. Assim é que as partes são, às vezes, obrigadas a dirigir-se diretamente a estas últimas."[18]

Havia casos em que era possível dirigir a apelação diretamente ao imperador.

A quem cabia o *ius appellandi*? A regra fundamental é que pode apelar aquele que tem um interesse – *is cuius interest appellare potest* (D. 49, 1.4.2) – ou ainda, de forma negativa, na expressão de Ulpiano (D. 49,5.1 pr): *non solent audiri apellantes nisi hi quorum interest* – não são ouvidos os apelantes a não ser os que têm interesse. Trata-se aqui de interesse jurídico, isto é, reconhecido juridicamente como merecedor de proteção.

A *facultas appellandi* (*ius apellandi, auxilium appellationis*) era reconhecida:

– Às partes em causa, no juízo precedente.

– A terceiros que tivessem um interesse próprio e direto.

– Dentro de certos limites ao *negotiorum gestor*.

---

[18] Gaudemet, *Le Droit Privé*, p. 203.

O juiz *a quo* normalmente recebe a apelação (*recipere appellationem*). Pode, entretanto, não recebê-la (*non recipere*). Em face da *appellatio non recepta*, o apelante poderia resignar-se a aceitar os efeitos da sentença ou então recorrer à autoridade hierarquicamente superior contra a declaração do juiz *a quo* no sentido de *non recipere*. Enquanto o juiz *ad quem* não se pronunciava, a sentença permanecia paralisada (D. 49.7.1 pr e 1: *Appellatione interposita, sive ea recepta sit, sive non, medio tempore nihil novari oportet*).

A apelação possuía efeito *suspensivo* (suspendia-se imediatamente a exequibilidade da sentença) e efeito *devolutivo*, isto é, investidura do juiz *ad quem* para conhecer e decidir com um novo pronunciamento a controvérsia já decidida pelo juiz *a quo*[19] (D. 50.16.106: *causa ad eum qui appellatus est dimittitur*). Note-se que só se configurava o efeito devolutivo com o recebimento da apelação (*appellatio recepta*), quando então se iniciava a nova fase do processo perante o juiz *ad quem*. Nesta segunda fase do processo, o apelante desempenha o papel de autor. Se ambas as partes tivessem apelado, o que houvesse agido em primeiro lugar teria papel preponderante (Paulus, D. 5.1.29: *qui appellat prior, agit*). Diante do juiz *ad quem*, chamado por Papiniano (D. 2.14.40.1) *iudex appellationis*, desenvolvia-se um novo julgamento (*cognitio appellationis*). Havia audiência: o apelante ou seu advogado expunha as razões da apelação. A parte contrária replicava (*ex diverso respondebatur*). O apelante

[19] ORESTANO, *L'Appello Civile*, p. 409.

devia abster-se de qualquer ofensa ao juiz *a quo* (D. 49.1.8: *non debere conviciari ei a quo appellat*). Encerrado o debate, o juiz *ad quem* ouvia seus assessores (*adsessores, consiliarii*) e prolatava (*pronuntiavit, decrevit, placuit*) a sentença (*sententiam ex appellatione dicta*), que constituía um novo *iudicatum*.

11. Classificação das Ações

Nas páginas seguintes vamos estudar sumariamente alguns exemplos de classificação das ações respectivamente no Processo Formular e no Direito Justinianeu.[1]

Ações no Processo Formular

Actiones in rem e *Actiones in personam*

Já mencionamos esta divisão das ações que é referida tanto pelas Institutas de Gaio (4.1) como pelas Institutas de Justiniano (4.6.1). A *Summa divisio* das ações, diz Justiniano, é reduzida a dois gêneros (*in duo genera deducitur*): ou são *in rem* ou são *in personam* (*Aut enim in rem sunt aut in personam*). As principais características das *actiones in rem* são:

– Não contém *demonstratio*. "As ações reais não contêm jamais a *demonstratio*. Não indicam, pois, a causa em virtude da

[1] Seguimos aqui: MONIER, *Manuel I*, p. 181 e ss. ARANGIO-RUIZ, *Las Acciones*, p. 117, SCIALOJA, *Procedimiento*, p. 439 e ss.

qual se pretende ser proprietário ou titular de um direito real" (Giffard, *Précis*, p. 141).

– A *intentio* é *in rem*: indica somente o nome do autor e não o do réu. Já a *intentio* das *actiones in personam* contém o nome do autor e o do réu. "Essa diferença de forma corresponde exatamente à diferença teórica que os autores modernos estabelecem entre o direito real e o direito pessoal. O direito real é absoluto, exclusivo, oponível a todos (*erga omnes*); compreende-se que a *intentio* não assinale o nome do réu da ação real. O direito pessoal é relativo, não existe a não ser em relação a uma pessoa determinada; o nome do réu deve necessariamente figurar na *intentio* da ação pessoal."[2]

– As *actiones in rem* são arbitrárias, isto é, contêm sempre em sua fórmula a já mencionada *clausula arbitraria*. As *actiones in personam* só excepcionalmente comportam essa cláusula.

– O réu, nas *actiones in rem*, deve fazer uma promessa verbal (*satisdatio iudicatum solvi*) de executar o julgado garantido por fiadores. O réu comprometia-se a não abandonar a instância (*de re defendenda*), a executar a sentença condenatória (*de re iudicata*) e a abster-se de dolo (*de dolo*). Nas *actiones in personam*, em princípio, não era exigida a *satistadio* por parte do réu.

[2] Giffard, *Précis*, p. 141.

Giffard observa que a difenrença entre direito real e direito de crédito no período clássico foi muito atenuada pelo fato de a *litis contestatio* transformar o direito real em direito de crédito.[3]

Ações civis e ações pretorianas

Estamos aqui diante de uma classificação de grande importância histórica, pois reflete a distinção entre o campo dos direitos reconhecidos pelo *ius civile* e os meios criados pelo pretor para suprir as deficiências do mesmo *ius civile*.[4]

Gaio (4.110) opõe as ações civis às pretorianas, chamando a atenção para a origem das primeiras (originam-se da lei ou do senatusconsultos: *quae ex lege setanusve consultis proficiscuntur*) e das segundas (dependem da jurisdição do pretor: *ex propria ipsius iurisdictione pendent*). Uma diferença entre ações civis e honorárias reside em que a *intentio* das primeiras se fundamenta em norma do *ius civile*. As ações civis possuem sempre *intentio in ius*: "o pretor nada mais faz que aplicar ao caso concreto a relação tal qual está constituída pelo direito civil, e dá instrução do juiz para que indague a existência de dita relação".[5] As ações honorárias podem também ter uma *intentio in ius*, mas, na maioria, "o pretor vincula imediatamente o efeito

---

[3] Idem, ibidem, p. 142.

[4] Monier, *Manuel*, I, p. 181.

[5] Scialoja, *Procedimiento*, p. 462.

da condenação à existência de determinados fatos especificados na fórmula".[6] Temos aqui a *intentio in factum*. Outra diferença entre ações civis e ações honorárias é que as primeiras não têm, via de regra, limites de tempo (Gaio, 4.110), são *perpetuae*, isto é, o autor não estava preso a determinado prazo para intentar a ação. As ações honorárias são, via de regra, anuais: o pretor só concede a fórmula dentro de um ano (Gaio, 4.110: *plerumque intra annum dare*), a contar do dia em que pode ser proposta a ação. Às vezes, entretanto, informa ainda Gaio (4.111) "o pretor concede também ações sem limites de tempo, como quando imita o direito civil, tais as que concedem aos *bonorum possessores* e às demais pessoas que façam às vezes de herdeiro" (*aliquando tamen et perpetuo eas dat, veluti quibus imitatur ius legitimum: quales sunt eae, quas bonorum pessessoribus ceterisque qui heredis loco sunt, accommodat*).

Actiones in factum, actiones ficticiae e actiones com transposição de sujeito.

Nas ações pretorianas, enquandram-se três categorias distintas: *actiones in factum*, *actiones ficticiae* e *actiones com transposição de sujeito*. Examinemos sucintamente cada uma delas.

– *In factum* – Nas *actiones in factum* não há nem *intentio in ius* nem *demonstratio*. O pretor não atribuía, na fórmula, ao

[6] Idem, ibidem.

juiz a missão de decidir se a pretensão do autor teria ou não respaldo *ex jure Quiritium*: limitava-se a indicar no início da fórmula os fatos, cuja exatidão o juiz devia verificar e, em função dessa exatidão, condenar o réu, embora não houvesse lei alguma concernente a tais fatos. Essas fórmulas baseavam-se, portanto, em fatos (*in factum conceptae*) com oposição às que tinham seu fundamento em normas emanadas das fontes produtoras do direito (*in ius conceptae*).[7] Cabe aqui uma importante observação: as grandes inovações realizadas pelo pretor no campo do direito foram realizadas através de fórmulas *in factum*.

– *Ficticiae* – Temos aqui ações em cuja fórmula o magistrado introduz uma ficção (*fictio*), ordenando ao juiz que decida o litígio como se existissem determinadas circunstâncias. Estas circunstâncias, na realidade, não ocorrem, mas se ocorressem tornariam a relação jurídica protegida pelo *ius civile*. As *actiones ficticiae* têm uma *intentio in ius*, a que se acrescenta uma *fictio*, e visavam "satisfazer as novas exigências da vida social".[8] Exemplo de *actio fictitia* é a *actio publiciana,* criada pelo pretor *Publius* e que continha uma ficção, segundo a qual já se cumprira o prazo exigido para configurar usucapião. O possuidor de boa-fé passava a ser considerado proprietário.

– *Transposição de sujeito* – Ações com transposição são aquelas cuja *intentio* figura uma pessoa que, na *condemnatio*, é substituída por outra. A transposição, criação do pretor, serviu

[7] Arias Ramos, *Derecho Romano*, I, p. 195-196.
[8] Monier, *Manuel*, I, p. 181.

para introduzir a representação nas seguintes hipóteses:[9] a) *Representação judiciária* por um *procurator* ou *um cognitor* (ver o que já escrevemos sobre a representação no Direito Romano, em nossa *Iniciação ao Direito Romano*). Neste caso, a *intentio* da fórmula está em nome do titular do direito; *a condemnatio* em nome da pessoa que o substitui, isto é, em nome do representante. Foi por meio deste artifício processual "que a representação judiciária se introduziu em Roma".[10] b) *Venditio bonorum*: nesta hipótese a fórmula *Rutiliana* (inventada pelo pretor Rutilius) contém na *intentio* o nome do executado (cujo bens são vendidos) e na *condemnatio,* o nome do *bonorum emptor, adquirente* em favor de quem será feita a condenação. Gaio (4.35) dá-nos precisas informações: "Da mesma forma o *bonorum emptor* age como herdeiro fictício. Mas às vezes costuma agir de modo diverso. Pois formulando a pretensão (*intentio*) em nome da pessoa, cujos bens adquiriu, o *bonorum emptor* pede a condenação em seu favor. Esta espécie de ação se chama Rutiliana" (*Similiter et bonorum emptor ficto se herede agit, sed interdum et alio modo agere solet. Nam ex persona ejus cujus bona emerit sumpta intentione convertit condemnationem in suam personam. Quae species actionis appellatur Rutiliana*). Note-se que o *emptor bonorum* (adquirente) comprava em bloco o patrimônio do devedor insolvente e era considerado pelo pretor como uma espécie de herdeiro. c) Atos jurídicos praticados por escravo ou

[9] Giffard, *Précis*, p. 146 e Monier, *Manuel*, I, p. 182.
[10] Giffard, *Précis*, p. 144.

por *filius familias* geram, em direito pretoriano (*iure praetorio*), obrigações para o *paterfamilias*. O pretor concede então contra essas ações (*actiones adiecticiae qualitatis*, designação moderna), cuja *intentio* figura o nome do escravo ou do *filius familias* e, na *condemnatio*, o nome do *paterfamílias*.

Actiones poenales e *actiones reipersequendae causa*

Gaio (4.6) formula uma importante classificação das ações: Agimos, ora, para obter somente uma coisa, ora para obter somente uma pena, em outros casos para obter uma coisa e uma pena (*Agimus autem interdum ut rem tantum consequamur, interdum ut poenam tantum, alias ut rem et poenam*). Arangio-Ruiz assim comenta esse texto de Gaio: "Adaptando as palavras empregadas por Gaio e por outros jurisconsultos, os romanistas denominam ações *reipersecutórias* as da primeira categoria, *penais* as da segunda, e, no que diz respeito à terceira, adota-se geralmente o nome de *ações mistas*, empregado por Justiniano em suas *Institutas* (4.6.16 e ss.), se bem que o ponto de vista do imperador bizantino e de seus complipladores seja algo diferente daquele do jurista Gaio. É necessário não errar sobre o sentido das palavras de Gaio para obter somente uma coisa (*ut rem tantum consequamur*), assim como do adjetivo *reipersecutório* deduzido pelos romanistas. Com efeito, facilmente estar-se-ia tentado a pensar em ações cujo fim fora obter a posse de uma coisa. Porém, ao contrário, a palavra *res* é empregada na passagem gaiana que acabamos de ler num sentido muito mais amplo, que abarca a totalidade dos bens compreendidos no patrimônio de um indivíduo ou juridicamente suscetíveis de serem nele incluídos. Se o patrimônio de um sujeito encontra-se ameaçado por um prejuízo qualquer e é concedida pelo direito objetivo uma ação a fim de evitá-lo, esta ação entra na categoria das reipersecutórias".[11]

Scialoja assim estabelece a distinção entre *ações penais* e *ações reipersecutoriae*: ação penal visa castigar o autor de um ato delituoso, castigo que tem caráter privado, enquanto a ação é proposta por um particular como tal e a pena consiste em uma soma de dinheiro; as ações *reipersecutoriae* visam regular relações de índole meramente civil.[12]

As *reipersecutoriae* têm por fim uma indenização equivalente ao dano sofrido ou a restituição da coisa com que o réu se locupletou indevidamente.

Sublinhe-se que os delitos dos quais decorrem as *actiones poenales* são infrações legais (*furtum, iniuria, rapina, damnum*) consideradas como afetando somente o indivíduo e a pena pecuniária acima mencionada aproveita à vítima.

Note-se que as ações reipersecutórias se transmitem contra os herdeiros, o mesmo não ocorrendo com as ações penais, pois, por exemplo, não é possível intentar uma ação de injúria contra uma pessoa que não ofendeu diretamente outra. Quanto às ações mistas, que, segundo Gaio, em parte são penais e em parte

---

[11] Arangio-Ruiz, *Las acciones*, p. 125.

[12] Scialoja, Procedimiento Civil Romano, p. 458

reiperscutória, convém anotar: "Em realidade, no entanto, essa categoria decorre de equívoco de Gaio. As ações mistas ocorrem em certos casos em que o réu, negando infundadamente a pretensão do autor, é condenado a pagar o dobro ao valor da coisa pleiteada pelo autor (*lis infitiando crescit in duplum*). Ora, não se pode pretender, como o fez Gaio, que nessa condenação a metade seja correspondente ao valor da coisa, e a outra, a uma pena privada, o que lhe daria a natureza de ação mista (parte, reipersecutória; parte penal), pois na ação mista a pena é uma sanção processual e não como na ação penal, uma pena privada. Logo, não há que dizer que a ação mista em parte é ação penal".[13] Registre-se que há certas ações mencionadas em textos geralmente considerados interpolados, chamadas *actiones mixtae* porque em parte são ações *in rem* (atribuem direitos reais), em parte são ações *in personam* (protegem direitos pessoais).

Actiones stricti iuris e *actiones bonae fidei*

Temos aqui uma subdivisão das ações civis que não deve ser aplicada a ações pretorianas (Monier, vol. I, p. 183). Nas *actiones stricti iuris* (chamadas na época clássica de *iudicia stricta*), o juiz se atém rigorosa e exclusivamente ao que está fixado na *intentio*, sem liberdade para levar em consideração outras circunstâncias. Nas *actiones* (*iudicia*) *bonae fidei,* as palavras *ex bona fide* são in-

---

[13] Moreira Alves, *Direito Romano*, I, p. 287. Observe-se que a expressão *mixtae* é usada por Justiniano (Inst. 4.6.16. e ss.).

seridas na *intentio*. O magistrado adverte ao juiz para julgar em nome da boa-fé: *quidquid dare facere oportet ex bona fide*. Note-se que nas ações de boa-fé está sempre subentendida a *exceptio doli* e o juiz dispõe de mais liberdade para julgar. Registre-se que as ações *bonae fidei* já eram bem numerosas na época de Cícero.

Ações no Processo *Justinianeu*

Nas compilações justinianeas, encontramos as designações clássicas das ações que revestem apenas um interesse histórico, pois não mais correspondem à realidade da vida jurídica. Assim, por exemplo, a distinção entre ações civis e ações pretorianas já não tinha razão de ser, pois o processo estava unificado. Neste processo único, o antigo *ius civile*, o *ius gentium*, o direito pretoriano e o novo direito civil emanado das constituições imperiais "encontraram sanções comuns".[14]

Eis alguns exemplos de classificação das ações no direito justinianeu:

– ***Ações reais, pessoais ou mistas*** – *J.4.6.1*: *Omnium actionum... summa divisio in duo genera deducitr: aut enim in rem sunt aut in personam:* A suprema divisão de todas as ações se reduz a dois gêneros: ou são reais ou são pessoais.

J.4.6.20: *Quaedam actiones mixtam causam optinere videntur tam in rem quam in personam: Qualis est familiae erciscundae actio, quae competit coheredibus de dividenda hereditate:* Algu-

[14] Giffard, *Précis*, p. 171.

mas ações se consideram de natureza mista, tanto real como pessoal; assim é a da partilha, que compete aos co-herdeiros dividir a herança.

– ***Ações penais, reipersecutórias ou mistas*** – *J.4.6.16: Sequens illa divisio est, quod quaedam actiones reipersequendae gratia comparatae sunt, quaedam poena persequendae quaedam mixtae sunt*: A divisão seguinte é a de algumas ações dadas para perseguir a coisa, outras para perseguir a pena e outras mistas.

J.4.6.19: Vi autem bonorum raptorum actio mixta est quia in quadruplo reipersecutio continetur, poena autem tripli est: A ação de bens roubados com violência (*vi bonorum raptorum*) é mista, porque no quádruplo está contida a reipersecução e a pena é em triplo.

– ***Ações de boa-fé e ações de direito estrito*** – Justiniano ampliou o número das ações de boa-fé. Sublinhe-se que o juiz deve levar sempre em consideração a *aequitas*, mesmo nas ações de direito estrito.[15]

– ***Ações arbitrárias*** – "Os estudos recentes parecem indicar que foi Justiniano quem agrupou em uma mesma categoria, qualificando-as de *actiones arbitrariae* toda uma série de ações bem diferentes umas das outras, nas quais o juiz é livre para arbitrar com equidade a natureza e a extensão das prestações a serem efetuadas pelo réu para satisfazer ao autor.[16]

---

[15] Monier, *Manuel*, I, p. 206.

[16] Idem, ibidem.

– ***Ações perpétuas e ações temporárias*** – Desde uma constituição de Teodório (424 d.C.) são ações perpétuas as que podem ser propostas durante trinta ou quarenta anos. As ações temporárias prescrevem geralmente em um ano.[17]

– ***Ações gerais e ações especiais*** – As ações gerais são as que "podem servir para sancionar toda uma série de operações jurídicas determinadas ou que podem ser intentadas em virtude de muitas causas diferentes: a *condictio certi generalis*, por exemplo, é uma ação geral, pois ela pode sancionar todos os créditos que têm por objeto uma soma de dinheiro determinada".[18] A ação especial só tutela um tipo de operação jurídica como, por exemplo, a venda.[19]

– ***Ações in simplum, in duplum, in triplum, in quadruplum*** – *Iustiniani Inst.*4.6.21: *Omnes autem actiones vel in simplum conceptae sunt vel in duplum vel in triplum vel in quadruplum: ulterius autem nulla actio extenditur.* Todas as ações são concebidas para haver o equivalente (*in simplum* = no valor simples) ou o dobro, ou o triplo, ou o quádruplo: nenhuma ação porém estende-se além.

Em 4.6.21,23,24,25 enumeram-se as ações em que respectivamente se demanda (*agitur*) *in simplum, in duplum* etc.: "as ações são aqui focalizadas sob uma relação aritmética entre o montante da condenação e um termo de ganho que serve de

[17] Idem, ibidem.
[18] Idem, ibidem.
[19] Idem, ibidem.

unidade, que, em certos casos, se trata de duplicar, triplicar, quadruplicar. Mas qual é esse termo de unidade? É o valor real da coisa, isto é, o ganho verdadeiro a que tem direito o autor?" (Ortolan, *Explication historique des Institutes de l'empereur Justinien*, livres III et IV, p. 632-633).

"Qual é o termo que serve de unidade para fixar o duplo, o triplo, o quádruplo? Segundo a opinião mais verossímil e a mais geralmente adotada, esta divisão exprime uma relação aritmética entre a *intentio* e a *condemnatio*. A unidade ou ponto de partida encontrar-se-ia na *intentio* e esta unidade (determinada inicialmente ou fixada, mais tarde, pelo juiz) seria precisamente o multiplicando, cujo produto por dois, por três, por quatro deve formar a cifra total da *condemnatio* a pronunciar-se" (Bonjean, *Explication methodique des Institutes de Justinean*, tome second, p. 829).

Bibliografia

ALVIZ, D. Faustino Gutiérrez. *Diccionario de Derecho Romano*, Instituto Editorial Reus, Madrid, 1948.

ARANGIO-RUIZ, V. e GUARINO, A. *Breviarium IURIS Romani*, Milano, Dott A. Giuffrè Editore, 1974.

ARANGIO-RUIZ, V. *Las Acciones en el Derecho Privado Romano* (traducción de Faustino Gutiérrez-Alviz). Editorial Revista de Derecho Privado, Madrid.

ARIAS RAMOS, J. *Derecho Romano* (vol. I e II), Editorial Revista de Derecho Privado, Madrid, 1943.

BIONDI, Biondo. *Scritti Giuridici*, vol. II, Dott. A. Giuffré Editore, Milano, 1965.

BIONDI, Biondo. *Istituzioni di Dirito Romano.* Dott. A. Giuffré Editore, Milano, 1972.

BISCARDI, Arnaldo: *Lezioni sul Processo Romano*, Antico e classico Giappichelli Editore, Torino.

BONFANTE, P., C. FADDA, L. FERRINI, S. RICCOBONO, V. SCIALOIA. *Digesta Iustiniani Augusti,* Mediolani, Formis Societatis Editricis Librariae MCMLX.

BONFANTE, Pietro. *Istituzioni di Diritto Romano,* quinta Edizione, Casa Editrice Dottor Francesco Vallardi, Milano.

BURDESE. *Manual de Derecho Publico Romano* – Introducción, traducción, capítulo sexto y notas de Ángel Martinez Sarrión. Bosch, casa Editorial, Barcelona.

CANNATA, Carlo Augusto. *Profilo Istituzionale Del Processo Privato Romano,* I Legis Actiones, G. Giappichelli Editore, Torino.

CORREIA, A., SCIASCIA, G. e CORREIA, A. A. de C. *Manual de D. Romano,* Vol. I, 2ª edição, Edição Saraiva, São Paulo, 1955.

CORREIA, Alexandre e SCIASCIA, Gaetano. *Manual de Direito Romano,* Livros, Cadernos LTDA.

COSTA, Emilio. *Profilo Storico del Processo Civile Romano,* Athenaeum, Roma MCMXVIII.

FUENTESCA, Pablo. *Investigaciones de Derecho Procesual Romano,* Salamanca, 1969.

GAUDEMET, Jean. *Le Droit privé romain,* Librairie Armand Colin, Paris, 1974.

GAUDEMET, Jean. *Les Institutions de l'Antiquité,* Éditions Montchrestien, Paris.

GIFFARD, A. E. *Précis de Droit Romain,* Tome Premier, Paris Librairie, Dalloz, 1951.

GIFFARD, André. *Études de Droit Romain,* Éditions Cujas 19, Paris.

Grosso, Giuseppe. *Lezioni di Storia Del Diritto Romano*, Quinta edizione riveduta ed ampliata, Giappichelli Editore, Torino.

Kaser, Max. *Derecho romano privado*, Versión directa de la 5ª edición alemana por José Santa Cruz Teijeiro, Biblioteca jurídica de autores españoles y extranjeros, Reus S.A., 1968.

Martini, Remo. *Le definizioni dei giuristi romani Milano* – Dott. A. Giuffré Editore, 1966.

Medeiros, Hortencio Catunda de. *Esquema de Teoria Geral do Processo*, 5ª edição revista, Renovar, Rio de Janeiro, 2003.

Meira, Silvio A. B. *A lei das XII Tábuas – Fonte do Direito Público e Privado*, 3ª edição, Forense.

Meira, Silvio A. B. *Noções Gerais de Processo Civil Romano,* Roma, 1963.

Monier, Raymond. *Manuel élémentaire de droit romain*, Tome Ier, Réimpression de la 6 ème édition Paris 1947, Scientia Verlag Aalen, 1970.

Moreira Alves, José Carlos. *Direito Romano*, vol. I, 5ª edição, Forense, 1983.

Orestano, Ricardo. *L'appello civile in Diritto Romano*, Ristampa stereotipa della seconda edizione, G. Giappichelli Editore, Torino, 1966.

Scialoja, Vittorio. *Procedimiento Civil Romano, Ejercicio y defensa de los derechos*. Traducción de Santiago Sentis Melendo y Marino Ayerra Redin. Prólogo a la edición en castellano por Vincenzo Arangio-Ruiz Ediciones Jurídicas Europa-America, Buenos Aires.

SIDOU, J., M. OTHON. *A vocação publicística do Procedimento Romano*, Editora Câmbio, Recife, 1955.

IHERING, Rudolf von. *O espírito do Direito Romano*, tradução de Rafael Benaion, Prefácio de Clóvis Bevilaqua, Vol. III, Alba editora, Rio de Janeiro, 1943.

TUCCI, José Rogério Cruz e Luiz Carlos de Azevedo. *Lições de História do Processo Civil Romano*. Editora Revista dos Tribunais.

VILLERS, Robert. *Rome et le droit privé*, Éditions Albin Michel, Paris, 1977.

WENGER, Leopold. *Istituzioni di Procedura Civile Romana* (tradotte da Ricardo Orestano), Dott. A. Giuffrè-Editore, 1938.

WENGER, Leopold. *Actio Iudicati*. Traducción de Roberto Goldschmidt y Jose Julio Santa Pinter, Ediciones Jurídicas Europa-America, Buenos Aires.

Sobre o autor

Mário Curtis Giordani nasceu em 1921, em Viamão, Rio Grande do Sul, e há muitos anos está radicado no Rio de Janeiro. Cursou Filosofia (1941) e Teologia (1943) no antigo Seminário Central de São Leopoldo, RS. Bacharelou-se em Letras Clássicas (1948) pela Universidade Católica do Rio Grande do Sul, atual PUC; licenciou-se em Letras Clássicas (1949) pela Universidade Católica do Rio de Janeiro, atual PUC. Em 1955, bacharelou-se em Direito pela Faculdade de Direito de Niterói, RJ, dedicando-se sempre e integralmente ao exercício do magistério superior. Lecionou a partir de 1953 na antiga Faculdade Fluminense de Filosofia e, posteriormente, no Instituto de Ciências e Filosofia da Universidade Federal Fluminense (UFF), em Niterói, como titular de Filosofia, até 1977. É titular de Direito Romano na Faculdade de Direito da Universidade Cândido Mendes (UCAM), Rio de Janeiro, onde leciona desde 1959.

Giordani é autor de várias obras relacionadas com sua atividade didática. No campo jurídico publicou: *Iniciação ao Direito Romano; Direito Penal Romano; O Código Civil à Luz do Direito Romano.* Esta última obra resultou de uma pesquisa efetuada no Instituto de Direito Romano da *Università degli Studi di Roma "La Sapienza"*, sob o patrocínio do *Grupo di Ricerca sulla Diffusione Del Diritto Romano* e do *Consiglio Nazionale delle Ricerche*. É também autor de uma série de 16 livros de História Universal. Pela Editora Idéias & Letras publicou *Existencialismo à Luz da Filosofia Cristã.*